© *Copyright,* Jeosafá Fernandez Gonçalves

2015 – 1ª edição
Em conformidade com a nova ortografia
Todos os direitos reservados.
Editora Nova Alexandria
Av. Dom Pedro I, 840
01552-000 São Paulo-SP
Fone/fax: (11) 2215-6252
Site: www.novaalexandria.com.br
E-mail: novaalexandria@novaalexandria.com.br

Capa: Viviane Santos sobre foto de Herman Hiller, World Telegram staff photographer - Library of Congress. New York World-Telegram & Sun Collection.
Editoração eletrônica: Viviane Santos
Revisão: João Antonio
Pesquisa iconográfica e revisão final: Autor

Dados Internacionais de Catalogação na Publicação (CIP)
Angélica Ilacqua CRB-8/7057

Jeosafá 1963-
   O jovem Malcolm X / Jeosafá Fernandez Gonçalves. – São Paulo : Editora Nova Alexandria, 2015. – (Jovens Sem Fronteiras)
   152 p.

Bibliografia
ISBN: 978-85-7492-406-9

   1. Malcolm X, 1925-1965 – Biografia romanceada 2. Direitos Civis 3. Afrodescedência I Título. II Série.

Se eu tenho um café muito forte, eu acrescento chantilly para quebrar o amargor. Mas não há chantilly que adoce quatrocentos anos de trabalho escravo.

Malcolm X

Sumário

Apresentação 11

Red, o novo garçom do Small's Paradise Bar 17

Um jovem Red mergulhado na história do Harlem .. 27

Você é tolerado, desde que aceite o papel de cachorrinho de madame 37

Adeus à inocência 47

Subindo na vida: de engraxate a balconista 63

Mister Sanduíche Red 73

Não perca o humor, Red! 81

Um relógio que atrasa a vida 89

Os únicos que mudaram a história foram aqueles que aprenderam a transformar a si mesmos 97

A paz esteja convosco.. 105

Avisem todos no Harlem: aquele que eu era voltou 113

Passeio pelo Malcolm X Boulevard 127

Caderneta de anotações do velho Lory......................131

Bibliografia 149

Apresentação

Diferentemente de dois outros mitológicos líderes negros de influência mundial (Nelson Mandela e Martin Luther King), Malcolm X não alcançou os bancos da universidade, nem teve seus contenciosos com as forças de segurança do Estado limitados às questões políticas.

Enquanto Luther King (com sua estratégia de não violência) e Mandela (por todos os meios) trilharam o caminho da educação formal até se confrontarem abertamente com o racismo e com o aparato conservador governamental, Malcolm X, embora filho de militantes da causa antirracista, só encontrou seu lugar nessa luta dentro da prisão, a que foi sentenciado por crime comum, quando há muito abandonara a escola, a despeito de ter sido excelente aluno da educação fundamental, em que foi inclusive presidente de turma – em uma instituição de maioria branca.

O assassinato do pai (espancado e atirado nos trilhos do bonde, por sua atuação em favor da população negra) e a depressão profunda da mãe (que a levou à doença mental irreversível, com longo período de internação num manicômio de condições precárias) destroçaram a família, cujas crianças foram dispersas em lares adotivos.

Ao livrar-se do reformatório, ainda menino, o então Malcolm Little, morando com a meia-irmã Ella Little Collins, em Boston, toma contato com os becos, a ilegalidade e as drogas. Para arranjar subempregos, mente sobre a idade, aproveitando-se de sua alta estatura, de sua compleição física, embora magra, e de sua aparência de jovem adulto – com 13 anos já ultrapassara os 1,80m de altura (quando tornou-se ícone do movimento negro na década de 1960 tinha 1,92m e pesava 77 quilos).

Preso um mês antes de completar vinte e um anos por formação de quadrilha, assaltos a residências e posse ilegal de arma de fogo, Malcolm X cumpriu os sete anos de pena, de uma sentença de 11 anos, mergulhado nos livros das bibliotecas das prisões pelas quais passou; estudando por correspondência e enviando cartas e mais cartas à família e às autoridades – para as quais se converteu verdadeiro inimigo, ao tomar consciência da natureza do racismo e do preconceito ao qual estava submetido.

Se Martin Luther King e Nelson Mandela evoluíram paulatinamente, ao longo de anos de estudos e atuação política, até se tornarem as personagens históricas que hoje todos conhecemos, Malcolm X teve outra trajetória muito diferente.

De aluno exemplar e menino órfão, ele – abismado pela cidade grande, representada por Boston e, depois, por Nova Iorque –, abandonando os estudos, converte-se em trabalhador de baixa qualificação (engraxate, lavador de pratos, menino de ferrovia a vender sanduíches nos vagões, faxineiro de trem, balconista etc.); depois em pequeno vigarista, a dar golpes no carteado e a bater carteiras; até ingressar de uma vez no tráfico de drogas, no comércio do sexo, na vida bandida e ser preso.

Sua conversão na cadeia ao islamismo (num momento em que o Islã se apresentou como alternativa de resistência ao racismo – não por acaso ídolos negros fizeram o mesmo, a exemplo do campeão de box Muhammad Ali), marca o nascimento de um dos maiores intelectuais negros dos EUA e do mundo. Porém, esse intelectual devorador de livros de linguística, história, geografia, sociologia, filosofia, literatura, atualidades, entre outros, teve como placenta não os currículos de bacharelado ou doutorado das universidades, mas apenas sua extraordinária capacidade autodidata e suas reconhecidas habilidades de linguagem e oratória.

Do momento em que saiu da prisão, em 1952, até o momento em que foi vítima do atentado que o vitimou, aos 39 anos de idade, em 1965, Malcolm X teve apenas doze anos para se transformar no ícone que hoje serve de inspiração a jovens do mundo todo.

Em que pesem as críticas que possam ser feitas a aspectos de seu radicalismo – algumas realizadas por ele mesmo após sua viagem ao Oriente Médio –, deve-se reconhecer o verdadeiro prodígio realizado por Malcolm X nesse tão curto espaço de tempo.

E que prodígio foi esse? O de, recuperando sua história familiar, a dos negros nos EUA e a dos oprimidos do mundo, produzir uma radical metamorfose em si mesmo e oferecer-se de peito aberto como veículo de transformação e luta por justiça social.

Este livro é um instantâneo dessa metamorfose, em relação à qual, não fosse universalmente sabida, seria legítimo dizer: não é verdade, não aconteceu, é pura ficção.

Porém, ela aconteceu, continua pelo tempo afora... e atende pelo nome Malcolm X.

O autor.

Red, o novo garçom do Small's Paradise Bar

1

Salve, Lory. Justamente hoje que está tudo parado e não tem ninguém para trocar uma ideia, você some. Pensei que não ia aparecer.

– Demorei, mas apareci. O que um desocupado como eu vai ficar fazendo no Harlem senão procurar um par de orelhas para deitar suas cascatas. Ei, Red, estou para perguntar faz tempo, e sempre me esqueço. Como é que veio parar aqui, meu velho, neste Small's Paradise tão caído no meio do Harlem? Afinal, com essas mãos enormes e essa altura de jogador de basquete, poderia com certeza estar em qualquer time da liga principal, no mínimo.

Quer mesmo saber?

– Vim aqui para quê?

Que eu saiba, veio aqui para se embebedar...

1 Red

Malcolm X, se divertindo com sua adolescência de balconista de bar, recebe o campeão de box Muhammad Ali, então ainda Cassius Clay, em 1964. Foto de Bob Gomel para a revista *Life*.

Red (vermelho) era o apelido de juventude de **Malcolm X** (Omaha, 19/05/1925 — Nova Iorque, 21/02/1965), por causa da cor avermelhada de seus cabelos e barba. Malcolm Little, seu nome de nascença, mais tarde, adotaria o nome Al Hajj Malik Al-Shabazz. Um dos maiores líderes da luta antirracista nos EUA, defendeu o nacionalismo negro e fundou a Organização para a Unidade Afro-Americana, como estratégia de autodefesa da comunidade negra contra as injustiças e a opressão dos brancos sobre os negros nos Estados Unidos. Sua postura afirmativa e radical se, por um lado, o tornaram alvo de grupos racistas extremamente violentos, por outro despertou admiração e apoio na comunidade negra e mesmo em setores da população branca norte-americana democrática e antirracista. Sua aproximação em relação aos movimentos de independência na África e sua manifesta simpatia pela revolução cubana resultaram-lhe em perseguição constante por parte de setores ultraconservadores, como a Ku-Klux-Klan, entre outros, e mesmo da CIA. Sua atuação

> era principalmente política, porém, em face do extremamente conservador sistema norte-americano, que praticamente inviabiliza outros partidos além do Democrata e o Republicano, seu descontentamento – assim como de outros setores da população – acabou canalizado para organizações religiosas. No caso de Malcolm X – mas também de ídolos como Muhammad Ali – a resistência ao racismo convergiu para religião muçulmana, que ele professou até o fim.

– Opa! Para isso também, e principalmente, mas nada impede que enquanto ninguém me jogue para fora do bar com um pé no traseiro eu saiba um pouco da vida dos outros, meu velho. Quando vim para cá, o Harlem estava no auge. Hoje só resta ouvir a história de quem tem a vida pela frente. O Harlem já era, como eu.

O Harlem ainda tem muita lenha para queimar... e você também, Lory.

– Pode ser, mas se fosse você me arrancava daqui, ia tentar a vida no basquete...

Não estou nem aí para o basquete. Nunca joguei bem, nem sequer me interessei, pois sempre fui meio desajeitado. Quando criança, na volta da escola e com o estômago doendo de fome, ficava babando nas vitrines das lojas e padarias, roubava balas e frutas e saia correndo. Correr com uma maçã no bolso ou um punhado de balas a granel enfiado na boca é o único esporte que pratiquei e no qual fui campeão.

– Esporte sem futuro...

Mas era o que restava aos garotos pobres, negros ou brancos, de Lansing – se bem que nossos pais nos arrancassem a pele de tanta pancada por esses pequenos furtos famélicos, enquanto os pais dos garotos brancos os perdoavam e jogavam toda a culpa sobre nós.

– Dureza. Com minha geração não foi diferente. Para falar a verdade, foi pior. Se falo pouco da minha vida é porque ela hoje vale pouca coisa, mas já tive meus vinte anos, como você, bonitão.

Senta aí e vai tomando alguma coisa enquanto "não fala de sua vida"...

– Você está ironizando um velho, Red.

Desculpa, Lory, não quis te chatear. Suas histórias são interessantes... Mas você fala o tempo todo! Não é à toa que lhe deram esse apelido: "Lory" – papagaio falador. Toma aí o seu Scotch.

– Como você se desculpa com elegância, Red. Obrigado pelo Scotch. Você sabe conquistar o coração de um velho. Mas, então... você é novo, vinte e poucos anos... Caia no mundo, rapaz!

Está mal informado, Lory, mas não vá espalhar, senão perco o emprego: tenho só dezoito anos.

– Dezoito!

Não precisa engasgar com o uísque e cuspir tudo em cima de mim.

– Mas você quase nem de maior idade é!

Fala baixo! Se o Ed ou o Charlie descobrem que menti a eles, me jogam na rua com uma marca de sola de sapato no traseiro. Eles acham que tenho mais idade porque frequentei o Small uma cara antes de me contratarem.

– Então, você tem ainda maiores chances no esporte, senão no basquete, de que diz não gostar, no futebol, na canoagem, na natação, se mexe moleque! Seus músculos ainda

Red, o novo garçom do Small's Paradise Bar

2 Joseph Louis Barrow

Joseph Louis Barrow, o popular **Joe Louis** (La Fayette, Alabama, 13/05/1914 – Las Vegas, Nevada, 12/04/1981) é um dos maiores mitos do pugilismo de todos os tempos. Manteve o título dos pesos pesados durante doze anos (1937-1948) em 26 lutas. Depois de conquistar o título em uma luta dramática que comoveu o mundo, vencida por nocaute no oitavo assalto, em 26 de junho de 1937, contra James J. Baddrock, sua vitória mais emblemática foi contra o alemão Max Schmelling, em 1938, numa revanche cercada de simbolismo – o confronto ganhou sentido político, pois Hitler utilizara a vitória de Schmelling sobre Louis em 1936 como propaganda do nazismo, para provar sua tese de supremacia racial ariana. Foto: Van Vechten. Historyinanhour.com.

vão se desenvolver muito! E você nem parou de crescer! Até os vinte anos, ainda vai crescer mais um tanto!

Para falar a verdade, Lory, o esporte que me atraiu totalmente foi o box. Quando vi no jornal, ainda em Lansing, a multidão aqui do Harlem comemorar o título mundial do Joe Louis, enlouqueci. Todo menino negro dos EUA queria virar lutador de box, só para ter o respeito, o afeto e...

– A grana...

Isso, a grana do Joe Louis.

– Somos todos uns sonhadores. Joe Louis houve um e outro só daqui a mil anos... Os brancos não vão deixar um esporte nobre como esse virar império de uns negrões pobres e pés-rapados como nós.

Aí é que se engana, Lory. O Joe foi apenas o começo, muitos virão e erguerão o cinturão dos pesos pesados e de outras categorias, não eu, que no box, reconheço, fracassei hilariamente.

– Red, Red, Red. Não o recrimino por sonhar. Quando parei de sonhar, acho que aí é que me estraguei. Mas que história hilariante é essa? Que eu saiba, fracassar é para chorar, não para rir.

Vai tomando o seu Scotch aí, enquanto eu conto. Depois você decide se é para rir ou chorar.

– Vai falando...

* * *

O ano era o de 1937, se sabe fazer conta, então sabe que eu tinha doze anos. A vitória do Joe contra James J. Baddrok por nocaute no oitavo assalto deixou todo mundo doido. Não teve um que não se enfiou em uma academia de box para arriscar no ringue umas boas pancadas. Na verdade, eu era pura empolgação e, aproveitando o meu tamanho e o meu peso excepcionais para a idade – sessenta quilos bem distribuídos no esqueleto tamanho grande, 1,80m para ser mais preciso –, encarei a categoria dos dezesseis anos, de peso galo. Enfrentei um garoto branco, Bill Peterson, como eu, fã de Louis. Embora eu parecesse ter dezesseis anos, eu era apenas um menino de doze, perdido em suas fantasias, essa era a realidade.

No ginásio, todos os meus irmãos e colegas, gente do bairro e seus amigos – que se preparam para ver o "Joe Louis" de Lansing jogar na lona o "Baddrock" do Michigan. Mas nem eu parecia com o primeiro, nem o Bill tinha qualquer semelhança com o nocauteado em vinte e seis de fevereiro de 1937, responsável pela maior onda de orgulho negro que a América já tinha visto. Na verdade, a maioria estava ali por causa de meu irmão Philbert – este, sim, excelente boxeador, que já tinha certa fama na região, e que mobilizara seus fãs para me dar um apoio moral.

Eu estava tão nervoso que minhas pernas não respondiam a meus comandos. Meus braços pareciam gelatina. Fomos chamados para o centro do ringue e o juiz, cumprindo a parte dele, gesticulou, falou vários blá-blá-blás acerca do quais nem eu nem o Bill entendemos bulhufas. Aquele montão de gente nos olhando, uns assobiando, outros batendo os pés no chão, todo aquele tumulto nos atordoando... Era tudo verdadeiramente perturbador. Não senti nenhum prazer em estar ali, pronto para socar um outro coitado que eu nem conhecia, contra o qual eu não podia ter nada, e nos olhos do qual eu via também o mesmo pavor que eu sentia.

Soou o gongo e nos atiramos um contra o outro. Eu tentava me safar dos golpes para olhar o que ele estava fazendo, mas era inútil. Ele estava enlouquecido. Se eu tivesse alguma experiência no ringue, o teria derrubado sem que ele sequer soubesse o que o atingira. Porém eu não sabia por que estava apanhando nem por que deveria surrá-lo. Enquanto pensava nessas coisas e em como controlar meu apavoramento, Bill me golpeava freneticamente, às vezes de olhos fechados, às vezes errando os socos e acertando o ar, como um perfeito e acabado galo cego – será por isso que a categoria se chama peso galo?

Resumo da ópera: fui à lona inapelavelmente. Com todos os negros do ginásio balançando suas cabeças, desconsolados, sem vaiar, mas totalmente decepcionados, em meio a um zumbido atordoante dentro dos meus ouvidos, observei o juiz agitar a mão direita e fazer com os dedos a contagem final da minha humilhação. Sua boca se movia em câmera lenta, mas eu não escutava nada, só um zumbido infernal. E os dedos de sua mão direita, implacáveis, subindo um a um na contagem fatal: um, dois, três, quatro... dez... "Acabou!", ele gritou, cruzando os braços no alto da cabeça e erguendo em seguida o punho direito do vitorioso Bill. "Acabado". Era só no que eu consegui pensar naquela hora. "Estou totalmente acabado". Acabado aos doze anos de idade, puf, como eu era dramático. Quiá quiá quiá.

Depois da luta, Bill me disse que estava tão apavorado e com tal medo de que eu o machucasse, que resolveu partir para cima de mim sem sequer saber o que estava fazendo. Fiquei completamente desmoralizado na comunidade negra por ter levado tamanha surra de um adversário branco. Tive de evitar lugares públicos e mesmo meu irmão mais novo, Reginald, que me tirava por herói, passou a me evitar como se eu tivesse uma terrível doença contagiosa.

Tempos depois, não para recompor meu prestígio junto à comunidade, mas apenas para tentar curar as dores do meu amor próprio ferido – e para ver se afinal eu levava ou não algum jeito para o box –, pedi uma revanche ao Bill, que se revelou um ótimo boxeador.

Voltei ao ginásio e treinei como um possesso: socos, esquivas, saco de areia, flexões, exercício com cordas, jogo de pernas, resistência e essa coisa toda que deveria me fazer um verdadeiro campeão, mas em relação às quais, quanto mais praticava, menos eu me empolgava.

A luta, para minha alegria, foi marcada para a cidade de Bil, Alma, em Michigan. Tanto melhor, porque ninguém da minha cidade ficaria sabendo – e eu realmente não estava lutando por eles, mas por mim mesmo.

Como disse, além de ser um *good guy* – um bom chapa, como costumamos dizer de um bom camarada – Bill era mais velho, mais maduro e estava na ponta do casco, lutando cada vez melhor, principalmente agora que eu o tinha ajudado a espantar o medo.

O juiz nos aproximou, falou o blá-blá-blá dele, o gongo soou e a única coisa que eu vi naquela luta foi uma luva medonha crescendo em direção do meu rosto. O Bill me nocauteou como um profissional, num só golpe – e dessa vez ele não estava apavorado. Nem eu, pois não tive tempo suficiente nem para isso.

Como ninguém em Lansing ficou sabendo desse segundo vexame, minha humilhação não aumentou de tamanho e eu, convicto de que o box, na família, era para o Philbert, reconquistei o amor e a admiração de Reginald.

– Red, essa história é de rir e de chorar. Por que é que a gente tem que ficar provando que é melhor do que os outros, quando o que se quer apenas é viver em paz e ser respeitado?

Não sei, Lory. Não sei. E tenho a esperança de que veteranos como você me ajudem a descobrir.

Um jovem Red mergulhado na história do Harlem

2

O Ed e o Charlie Small quebraram o meu galho. Do jeito que o bar deles é popular, punham quem eles quisessem na vaga do outro garçom que foi convocado para a guerra.

– Não é bem assim, Red. Eles foram uns tremendos de uns espertos. Você frequentava isto aqui fazia um tempão, e um bocado de gente vinha tomar os seus drinques aqui porque você os atraia. Então, eles estão no lucro. Com você aqui atrás do balcão, até no horário da manhã, quando normalmente não vem ninguém, o movimento fica acima da média.

Pode ser, mas trabalhar aqui no Small é um privilégio, não acha?

– Não estou dizendo o contrário. Apenas estou considerando que não fizeram nenhum favor a você. Aliás, se estou aqui, agora, gastando meus preciosos cents, é porque você é uma boa prosa e...

"E"... você ia dizendo?

– Ah, você sabe, Red. Você atrai as garotas belas e sensuais, assim como determinadas flores hipnotizam determinadas borboletas.

Harlem, 1924. Passeata da UNIA (Universal Negro Improvement Association – Associação Universal para o Progresso Negro). Fonte: Digital Harlem Blog.

Nova Amsterdã (Nieuw Amsterdam, em holandês) era o nome da capital da colônia da Nova Holanda, na região do vale do rio Hudson, de 1609 até 1664. Como centro de trocas, a circulação de pessoas e mercadorias nela era imensa. Nesse centro cosmopolita, todos os idiomas europeus eram falados, inclusive o português. A expectativa dos holandeses era a de que a produção local crescesse, de modo a abastecer os mercados europeus, altamente lucrativos. Porém em Nova Amsterdã essa produção não floresceu, ao menos para os fins desejados pelos holandeses, e o comércio assumiu caráter mais local, pois a Europa, potencial destino desse comércio, produzia os mesmos itens, sem a desvantagem de logística, tempo e custo do transporte transoceânico. Em razão disso, a Holanda aca-

Agora virei flor! mais essa! Pode me informar, sobre esse particular, Lory, por que razão, então, não estou conversando neste instante com uma bela moça de olhos negros, seios exuberantes, pernas torneadas e voz aveludada e, ao invés disso, tenho a minha frente, neste exato instante, um magrelo afro-americano de estatura mediana, sempre no mesmo terno azul cobalto, cabelos mal alisados, costeletas grossas e bigode afinado, tudo tingido de preto para escamotear a vastidão de fios grisalhos?

– Você está com azar hoje, meu velho. Deve ser isso. Quiá quiá quiá...

Só se for...

– Acho bom nem apostar nada no joguinho dos números hoje, pois vai desperdiçar seus cents, enquanto aquele Cadillac sonhado vai estacionar na porta de outro sortudo sem dar a mínima para seus míseros tostões.

Está explicado porque meu azar está durando.

– Não entendi...

Toda santa manhã você bate o ponto neste balcão do velho Small. Está destruindo minha popularidade entre as "borboletas hipnotizadas" do

Harlem. Que borboleta vai se aproximar de uma flor vigiada por uma ave predadora como você, que além de tudo ainda fala, às vezes sem sequer usar vírgula, como uma matraca enlouquecida? Tu é super manjado, Lory. A história do Harlem passa por cada fio de sua barba.

> bou trocando com a Inglaterra essa colônia pelo que hoje é o Suriname e, assim, Nova Amsterdã, rebatizada de Nova Iorque, passou a integrar o sistema britânico. Após a independência dos EUA, tornou-se a capital cultural e econômica desse país.

– Nem toda a história do Harlem, velho Red, só a parte em que os negros passaram a dominar.

Então você tem mais idade do que os quarenta que divulga, pois os negros dominam esta parte de Nova Iorque desde que o mundo é mundo. Tu é velhinho, hein?

– Aí é que você se engana, Red. Nem sempre isto aqui foi área livre para os negros, não, meu velho...

Lá vem você com suas histórias, Lory.

– Venho. Quem não conhece a história, *guy*, anda às cegas, na direção do abismo profundo e escuro...

Não sabia que era dado ao teatro, Lory, mas devo confessar que o "profundo" fica mais fundo e o "escuro", mais trevoso, com seu jeito de expandir os braços lentamente enquanto fala. Aliás, vai falando, enquanto eu lavo os copos que me deixaram de presente ontem à noite.

– Fique sabendo que o Harlem nem sempre foi uma comunidade de negros. Quem chegou primeiro aqui foram holandeses.

Holandeses?

– No duro. Eles colonizaram toda essa parte da Big Apple...

Big Apple?

– Sim, é como tratamos esta grande maçã chamada Nova Iorque. Sabe como é: "Há muitas maçãs na árvore, mas apenas uma grande maçã".

Deixa ver se eu entendi: a árvore é o EUA, a grande maçã desejada é Nova Iorque, onde a grana rola solta...

– Isso. Os holandeses vieram para cá pelo rio Hudson, e se espalharam por todo canto desta ilha de Manhattan, isso no começo da colonização. Em seguida, atraídos pela fama de riqueza fácil e expulsos da Europa pela fome, imigrantes e mais imigrantes, em ondas de legiões gigantescas, atravessaram o Atlântico nas piores condições e vieram para a região do Harlem, pelo mesmo caminho dos holandeses. Famílias inteiras em farrapos, com bebês, crianças, jovens, idosos, às vezes doentes – muitos a morrer na travessia do oceano –, invadiram o que era divulgado na terra deles como o paraíso dourado da fartura. Mal sabiam... Tanta gente e tanta pobreza acabaram afastando os holandeses que, já mais bem de vida, e não querendo se misturar com os pobres, cederam lugar aos alemães, a leva mais numerosa deles.

E onde entram os negros nessa história.

– Calma, já vai saber. Os alemães constituíram suas comunidades e, com o passar do tempo, progrediram. Mas a Europa não se cansava de buscar meio de se livrar de seus pobres. Uma crise tremenda pegou os irlandeses em cheio, e os coitados começaram a abandonar sua terra pedregosa, cinza e gelada para tentar a sorte na "cidade em que jorrava dinheiro".

A Big Apple...

– Isso. Assim como ocorrera com os holandeses em relação aos alemães, agora ocorria com estes últimos em face dos irlandeses, que chegavam em massa pelos navios com seus trapos e pertences amarrados em lençóis convertidos em trouxas. Uma massa tão grande que empurrou os alemães endinheirados, para longe.

Agora chegou a vez dos negros...

– Não, Red! Como vocês jovens são apressados, arre!

Mas essa sua lorota não acaba nunca, Lory!

– Lorota! Não sabe o que está dizendo! Se deseja conhecer a história verdadeira, precisa de paciência. Não vá achando que foi fácil para nós negros conquistarmos este espaço, não, *guy*! Antes, vieram ainda os italianos, jogados no oceano à própria sorte pelas guerras e pela miséria que varreu a Itália em fins do século XIX e início do XX.

Já sei: os italianos chegaram a Nova Iorque pelo rio Hudson em navios abarrotados, que misturavam em seus bojos infectos, nas piores condições, carga, animais e gente faminta e doente. Os que sobreviveram à viagem, invadiram Manhattan pelo Harlem, empurraram os irlandeses para longe etc. etc. etc. Aí, vieram os negros.

– Não, Red! Vieram os judeus, que se instalaram aqui por muito tempo.

Okay, okay, Lory, depois dos judeus, aí, sim, viemos nós...

– Não, já estávamos aqui desde o século XVII.

Ora, se já estávamos aqui, porque não foi direto ao assunto?

– Para você ver que as coisas não são assim tão simples quanto parecem. Estávamos aqui, mas segregados em guetos espalhados por toda a Big Apple. Primeiro, nos confinaram na região de Wall Street; depois, nos empurraram para a vila de Greenwich; cansados de nós, nos enxotaram para a estação Pennsylvania; após isso, nos isolaram nas imediações da rua 52 – por isso essa rua ficou conhecida como Swing Street. Apenas em 1910 um corretor de imóveis negro conseguiu, quase clandestinamente, alocar umas famílias negras num prédio de apartamentos judeus, que tinham sido desocupados. Os judeus foram melhorando de vida e caindo fora, e nós fomos ocupando tudo numa velocidade que espantaria os pobres holandeses, alemães, irlandeses, italianos e judeus que vieram para cá antes de nós.

Lory, estou lhe devendo essa, meu velho.

– Mas ainda não acabou. O Harlem que o mundo conhece, esse sim, é invenção nossa. Na década de 1920, nossa música, nossa dança, nossa cultura e nossos protestos contra o racismo se espalharam para todo canto do mundo a partir dos bares e casas noturnas do Harlem. Eu fico provocando você com essa conversa fiada de que o Harlem já era, mas é só para te aborrecer e para depois eu voltar para casa rindo da sua cara, embriagado e feliz por pregar uma bela peça num jovem ingênuo que precisa aprender as malícias da vida no melhor lugar do mundo para isso: o Harlem. Que pensa?

Cartão Postal de 1943 do Small's Paradise Bar, no Harlem, onde Malcolm X trabalhou aos 17 anos, dos poucos que tinham ar condicionado na época. Fonte: Harlem Bespoke.

Tanto quanto você, nessa mística década de 1920, um negro matuto e ingênuo desembarcou de trem em Manhattan, com suas botinas de caipira, suas calças pela canela, seus olhos sonhadores, sua alegria contagiante num sorriso enorme – como os seus, *guy*! Esse matuto "quebrou tudo", tocando com Fleetcher Henderson, esse matuto era...

Essa é fácil, Lory: Louis Armstrong, o divino Satchmo...

– Isso, ele mesmo. Este salão em que você distribui copos e esse balcão em que meu copo está apoiado abriram suas portas em 1925: o mitológico Small's Paradise Bar, com multidões de gente apinhada na Sétima Avenida a espera de uma brecha para pisar neste chão sagrado.

Uhu, Lory! Não tem um dia em que eu não me sinta um privilegiado por trabalhar aqui, velho! Quando comecei a frequentar o Small's, jamais imaginei que um dia ia estar deste lado do balcão. Tenho a mais completa consciência de que o Ed e Charlie me deram uma grande colher de chá, ao me permitirem fazer parte da história do Small's.

– A década de 1920 é que inaugurou o Harlem que todos conhecem. Em 1926, abre as portas o não menos mitológico Cotton Club, só para brancos. É aí que o Duke Ellington vai brilhar por cinco anos sucessivos. O Savoy Ballroom é do mesmo ano: nada menos de sessenta metros de pista bombardeada por refletores frenéticos. Além deles, a massa de turistas domésticos e internacionais se distribuía ávida por música, dança e "otras coitas más" nas centenas de pequenas casas noturnas que proliferaram da noite para o dia no Harlem, muitas clandestinas. Com a crise de 1929, tudo ruiu. Durante a Lei Seca, essas casas noturnas miúdas se tornaram disputadíssimas, pois o uísque proibido – e "otras cositas más – circulava nelas a preço de ouro, em meio ao jazz e à guerra entre gangsters, das quais você está cansado de ouvir falar por estes lados.

Lory, meu velho, realmente, estou lhe devendo essa!

Você é tolerado, desde que aceite o papel de cachorrinho de madame

3

—Se está devendo, paga.
— Como assim, Lory? Foi apenas força de expressão. Quando disse "estou devendo essa", foi no sentido de que você trouxe uma luz para algumas coisas em relação às quais eu estava na mais completa escuridão...
— Aqui no Harlem, Red, quem deve, paga, de um jeito ou de outro. E quer saber de uma coisa?

Tanto faz...
— História é um produto caro por aqui. Nova Iorque respira e transpira história. Porém, além de história, pus você a par da geografia da Big Apple. Não conheço ninguém que dê aulas de graça, se me compreende.

Okay, Lory... Se me informar como é que eu pago sua aula de geografia e história, faço com prazer, contanto que não seja em dindim, pois sabe que estou caído, nesse quesito.
— Aqui no Harlem também rola escambo...

Dá para ser mais claro, estou totalmente por fora dessa modalidade de contravenção...
— Para, Rede! Para! "Escambo" parece palavra traiçoeira, metida em criminalidades e coisa e tal, mas quer dizer

Você é tolerado, desde que aceite o papel de cachorrinho de madame

O menino Malcolm Little, que se tornaria na prisão Malcolm X, um dos principais líderes mundiais da luta contra o racismo.
Foto: Malcolm-X.Org

apenas "troca direta", mercadoria por mercadoria, sem envolvimento de papel moeda, se é que me compreende... Mas você não está prestando atenção!

Vai falando, que não preciso ficar olhando para sua pessoa para ouvir. Não ouço como os olhos. Não é porque estou com as mãos mergulhadas na emoção da pia cheia de espuma, água, sabão, copos, talheres e pratos sujos que me desliguei da sua lógica. Vai falando, vai falando...

– Tá! Pois então... Dei-lhe de bandeja, embora o garçom lavador de pratos aqui seja você, umas belas histórias na moldura de uma geografia a altura. Noutras palavras, *guy*, situei sua pessoa no tempo e no espaço, então, o mínimo que pode fazer é usar da proverbial gentileza do Harlem e me contar alguma coisa que comova este coração de pedra – agora... não vá achando que qualquer lorota o derrete. Ah! Não vá, não, Red!

Esses camaradas fizeram uma bela bagunça de madrugada. Haja mãos e sabão para tantos pratos e copos a lavar... É sua sorte, Lory, pois, nesse caso, terei bastante tempo para desfiar minhas histórias, com floreios e mais floreios, tipo esses improvisos que o Satchmo faz com o trompete dele. Ao menos, enquanto desenrolo esse novelo de palavras, não presto atenção na montanha de louça que o pessoal veterano do Ed e do Charlie deixaram para eu lavar.

– Azar o seu, quem mandou ser iniciante na carreira de garçom. Aqui no Harlem, começa-se sempre por baixo, Red, meu velho.

Você falou do Louis Armstrong, que chegou por estes lados com as calças pela canela... Então "faz favor" – como se diz lá no interior, de onde eu vim – de prestar a atenção sem interromper demais, senão me perco, pois não tenho o seu dom de trazer tudo na memória.

– Nem tudo "na memória". Para que acha que trago essa caderneta de anotações no bolso do paletó? Se você perder o fio da meada, eu emendo, vai por mim.

Está bem. Eu era zoeira, não nego. Nem poderia...

– Todo menino é, qual não é?

Nem comecei a história e você já me interrompeu, Lory. Você merece mesmo o apelido de louro falador.

– A gente tem que cultivar a fama, o mito, senão perdem o respeito. Mas... vá em frente, vá em frente, senhor "fala longa".

Fala longa?

– Não existem os filmes longa-metragem?

Tou sabendo...

– Então... Você deve ser desses caras capazes de falar horas e horas sem se interromper, tipo pastor, líder religioso, revolucionário, sei lá. Não me espanta se um dia o vir liderando passeatas com o megafone no último volume e, atrás de você, uma procissão de gente disposta a encarar os "homens da lei".

Dá para eu contar a história, ou vou ter que amordaçá-lo com o pano de pratos?

– Manda ver, senhor impaciência...

Você é tolerado, desde que aceite o papel de cachorrinho de madame

* * *

Assim que meu pai morreu e minha mãe foi internada no hospício, fui enviado para adoção. Fiquei morando com uns amigos da família. Os restantes dos meus irmãos foram distribuídos por várias casas de adoção, algumas de pessoas que sequer conhecíamos. Isso desestrutura qualquer um. Um dia em que estava chateado da vida, enfiei um chapelão de feltro na cabeça, desses bem provocativos, e assisti às aulas na escola debaixo desse chapéu. Achei que iam só me dar uma dura – talvez fosse o que eu no meu íntimo estava querendo, para ser notado.

Ao invés disso, me levaram para o tribunal que, enquanto não decidia meu roteiro até o reformatório, me colocou em uma "casa de detenção", por causa do meu comportamento "incompatível com a comunidade" – segundo os agentes do serviço social, que não largavam do meu pé.

Depois da "detenção", na verdade uma espécie de situação transitória na casa de umas pessoas muito bacanas, devo admitir, meu destino seria o reformatório juvenil, este, sim, uma tranca que ninguém queria enfrentar, muito menos eu.

Depois de meu fiasco no box, passei a frequentar de modo responsável uma excelente escola, na qual ingressei por influência da dona da "casa de detenção" que, por simpatizar comigo, me tratava como um verdadeiro cão pudle rosa de madame.

Assim, embora fosse um dos únicos negros na escola, todos me respeitavam – por tabela. A dona da detenção, senhora Swerlin, era uma espécie de madrinha branca, e foi aí que eu entendi o sentido do ditado popular: "Quem tem padrinho – no caso, madrinha –, não morre pagão".

Eu gostava muito de história que, junto com o inglês, eram minhas matérias prediletas. Nisso contava muito a influência dos professores, senhor Willams, de história, e senhor Ostrowski, de inglês – este, até que desgostei dele, me parecia um cara bacana.

Mas um dia ele perguntou à classe o que cada um queria ser na vida. Cravei: advogado. Ele esperou todo mundo sair da sala e, com maior educação e cheio de dedos – isso porque eu era uma das melhores notas da classe – me "orientou": "Red, seja realista, escolha uma profissão compatível".

"Compatível com o quê?", pensei, mas não falei nada. Dei-lhe corda. Depois, pensei novamente: "Cara, ele está dizendo que você não passa de um negão, e que seu destino é limpar a latrina dos brancos endinheirados a vida toda!".

Então, ele continuou com a lenga-lenga dele, que destruiu o alto conceito em que eu o tinha: "Você tem que ser marceneiro, carpinteiro, eletricista... Advogado? *No chance, guy, no chance*".

Pensei ainda outra vez: "*No chance, guy... No chance, guy* uma ova!". Saí e deixei-o falando sozinho.

Malcolm Little, futuro Malcolm X, aos 18 anos. Foto: Movies Pictures.Org

4

Negão, aqui, é um termo usado como tradução aproximada de "nigger" (pronuncia-se 'niga'), empregado nos EUA como forma de discriminar, menosprezar, oprimir, humilhar e ofender afrodescentes. Em sua *Autobiografia*, Malcolm X fala com orgulho dessa sua atitude adolescente de profunda coragem, inspirada por sua meia irmã Ella.

No fim do ensino fundamental, minha meia irmã Ella me convidou para visitá-la em Boston. Depois que conheci a parte rica e a parte pobre dessa cidade, e fiz um *tour* pelos bairros negros, quando voltei de viagem, tinha perdido completamente o interesse na escola, embora, pelas notas e por meu comportamento sociável, tenha sido eleito presidente da turma. Sim, meu velho: a dona Swerlin sabia mexer seus pauzinhos pelo seu "pudle rosa".

Essa ida a Boston me abriu uma fresta para mundo – e eu gostei do que vi. O pouco tempo de convívio com Ella, uma mulher negra, orgulhosa de sua cor, e com outras pessoas negras que, ao entrar em uma mercearia ou bar, também dirigidos por negros, não se comportavam de maneira subalterna, mexeu comigo. A partir dessa mancada do professor em relação a minha cor e a minha condição de ser humano, quem me chamasse de "negão" recebia de volta meu olhar frio, duro e insistente, de queixo erguido. Passei a ser temido por encarar de frente, sem baixar os olhos, a quem tivesse a menor intenção de me humilhar.

A dona Swerlin sacou o clima ruim e me descolou um emprego de entregador na padaria do pai de um dos alunos de nossa escola. Foi legal. Com a grana, fui a muitos bailes verdadeiramente caipiras, com todo mundo tremendo mais do que gelatina na hora de dançar. Curioso, mesmo amigos e amigas que votaram em mim para presidente da turma me evitavam nos bailes. Será por que eu era alto demais? Será por que eu tinha as melhores notas em história e inglês? Será que era por eu ser negro? Faça um "xis" na alternativa correta. "Deixa pra lá", pensei – não em termos tão educados. O pudle rosa tinha decidido que, terminado o ensino fundamental, ia picar a mula dali.

Não deu outra, falei com Ella – negra poderosa, seja fisicamente, seja em termos de consciência de classe e da discriminação racial que pesa sobre nós –, que concordou em me hospedar em sua casa, na parte rica de Boston. Ella, essa meia-irmã fruto de uma relação de meu pai com uma outra dona, tinha, tem orgulho de ser negra. Aliás, olhar de cabeça erguida meu interlocutor foi uma bela lição que aprendi com ela. Comprei um terno verde – não ria –, com as calças batendo pelas canelas e os punhos curtos um palmo, no meio dos braços.

Você se diverte, mas Louis Armstrong, segundo seu relato, não fez por menos ao chegar em Nova Iorque. Porém não dei na Big Apple nessas condições. Fiz um estágio em Boston, pelos becos e bairros negros, onde fiquei tete-a-tete com ninguém menos que Duke Ellington. Agora estou vendo você arregalar seus enormes olhos pretos, Lory, mas não apenas Duke Ellington, não, meu velho!

Duke, Count Basie, Lionel Hampton, Cootie Williams, Jimmie Lounceford e uma renca dos melhores e maiores músicos dos Estados Unidos passaram pela flanela estalante de minha caixa de engraxate do Roseland State Ballroom.

Estou vendo uma sombra em seus olhos, Lory. É por que conheci tanto bam-bam-bam da cultura afro-americana com apenas treze anos de idade, ou por que, afinal de contas, eu era só um engraxate cheio de sonhos talvez irrealizáveis? Ora, Lory, trabalhar não é vergonha a ninguém, meu velho.

VICTIMS PAY $90,000 FOR "JUSTICE"

EXTRA

25¢ 25¢

The Muslim Story of

SEVEN UNARMED NEGROES
SHOT IN COLD BLOOD
BY LOS ANGELES POLICE

Adeus à inocência

4

Já sabe como cheguei a Boston: terno verde, calças pelas canelas e um sobretudo cinturado que eu podia jurar já ter tirado da loja desbotado. Minha meia-irmã Ella, que me hospedou, morava na parte bacana de Boston, onde negros endinheirados esfregavam na cara de caipiras como eu suas belas conquistas pessoais. Foi instintiva minha aversão por essa parte da cidade.

Ella não queria que eu trabalhasse logo de cara. Sua expectativa era a de que eu me preparasse, com seu auxílio, para realizar um sonho difícil para os negros deste lindo país chamado "American way of life": o de me tornar advogado. Com isso, eu seria um lindo protótipo de vencedor, não acha? Não seria mais um desses fracassados jogados por aí.

5

American way of life (modo americano de vida), outro nome do "american dream" (sonho americano), é uma expressão que condensa o ultraliberalismo dos Estados Unidos, fundado do individualismo radical, que preconiza a concorrência como mecanismo de ascensão social e que atribui ao indivíduo todo o peso por seu sucesso ou fracasso. Nesse "americam dream" só se pode ser "winner" (vencedor) ou "looser" (fracassado). Para essa visão de mundo, a responsabilidade da pobreza de negros, latinos, imigrantes e mesmo norte-americanos natos excluídos do bem-estar social pela competição irracional não é da omissão do Estado em face da opressão dos ricos sobre os pobres, nem do vale-tudo (verdadeira lei da selva) para subir na vida, nem da alta concentração de renda nas mãos de poucos, nem da desigualdade de condições entre os que têm demais e os que nada têm, mas dos que não demostram habilidade (skill) para "vencer na vida". Um texto já clássico de Arthur Miller aborda com acidez essa cultura, que separa os seres humanos entre vencedores e fracassados. Trata-se da peça teatral *A morte do caixeiro viajante*, de 1949. Nela, Willy Loman, sentindo-se um fracassado, compra uma apólice de seguro e premedita o próprio suicídio, para que sua família receba o dinheiro da indenização.

> **6**
> **Cat (gato)**, era a gíria empregada para os jovens envolvidos na malandragem local. No Brasil, o termo "malandro", com sua cultura cantada em sambas de Noel Rosa, Zé Keti, Moreira da Silva e Chico Buarque de Hollanda, tem sentido correlato.

Porém, para isso, eu teria de me concentrar na região de Hill, frequentar os espaços de Roxbury, das avenidas Waumbeck e Humbold, me misturar com aqueles que, com vergonha de revelar suas verdadeiras profissões, se vestiam com mais arrogância do que seus próprios patrões – retorno a esse particular daqui a pouco. Pare de me cutucar, senão derrubo esse prato.

Ah! Tem um desses metidos a bacanas passando ali fora, olhe. Conheço, esse. É garoto de recados, embora diga que é "expert" em comunicação. Mas não me cutuque mais... se eu quebrar um copo, você é quem vai pagar.

Porém, Hill, muito parecida com a região de Sugar Hill, aqui da Big Apple, me dava nos nervos. Ainda mais depois que, tendo perambulado por toda Boston, conheci os bairros negros, com seus becos e "gatos" parados nas esquinas, a exibir trajes amigo-da-onça cheios de bossa, que me deixaram totalmente envergonhado de minha roupa de matuto. "Ah, Red Little, você é um caipira", eu me dizia, olhando os rapazes, com pouco mais da minha idade a andarem gingando em seus estonteantes sapatos coloridos, como se a vida fosse, a qualquer hora do dia, uma pista de dança.

Não teve por onde, só passei a dar as caras em Hill para dormir. Ella não se preocupava comigo, pois, afinal, queria que eu conhecesse como era grande o mundo fora de Lansing.

Ella me deu muitas dicas. Por exemplo, quando andávamos pelas ruas metidas a besta de Hill, ela dizia: "Está vendo aquele ali de paletó impecável e sapatos engraxados até refletirem o sol?". "Sim", respondia eu, "é o senhor fulano de tal, gerente de uma concessionária de automóveis".

Então, Ella estourava de rir e dizia: "Little, como você é inocente. Isso é o código que ele usa para disfarçar sua verdadeira profissão: lavador de carros na mansão de não sei quem, lá no lado branco da cidade".

Palavra, me senti um total idiota. "E aquela ali, toda emperiquitada e coisa e tal?", me cutucava minha meia-irmã com seu cotovelo pontudo – como você acabou de fazer – e apontava com uns olhos enviesados muito engraçados.

"Sim, a dona do salão de beleza que foi tomar café na sua casa outro dia", eu lhe respondia do alto da minha inocência. Será que pode rir com mais decência, Lory? Ora, eu tinha apenas 15 anos! Você deveria se apiedar e se envergonhar dessa sua atitude – quiá quiá quiá, você é uma figura, Lory!

Aí Ella emendou: "Menino, como pode acreditar em tudo que ouve? Se não converter sua inteligência em malícia, vai passar muita vergonha por aqui – e vai virar alvo de boas risadas".

Como vê, Lory, Ella é, entre outras coisas, vidente.

Mas, não precisa socar o balcão enquanto ri. O Ed ou o Charlie vão jogá-lo na rua se continuar a se comportar como se estivesse num desses botecos pés-sujos que a ralé como nós frequenta.

Então Ella continuou: "Essa umazinha aí é 'dona de salão de beleza' só aqui no Harlem. Ela é faxineira na casa de Beltrana da Silva, lá para os lados do Bronx. E olha que a patroa dela também não nada em dinheiro, não, Red!".

Meu mundo caiu nessa hora. Eu tinha essa dona como um exemplo acabado de negra bem sucedida.

"Ella", falei-lhe duramente, "então aqui só tem pobretão metido a rico por vergonha de ser pobre e preto?".

"Aí você falou uma verdade, Little Red", disse ela, invertendo meu nome por gozação, arregalando os olhos e estufando a boca numa careta hilária: "Ela acha que quem tem grana deixa de ser preto. Ser faxineira e limpar o banheiro dos brancos dá uma certa grana, que permite a ela ter uma casa modesta, um casaco de vison falsificado e enganar almas puras e santas como a sua, seu mané!", sussurrou Ella em meu ouvido, antes de explodir numa gargalhada sonora de grandes e lindos dentes brancos.

Depois que Ella se recompôs do acesso de riso, enfrentei a fera: "Ella, pode ir me passando esses códigos, que não quero mais passar vergonha, e muito menos ver os outros rindo da minha cara".

"É pra já", ela respondeu, assumindo ares de professora, ou irmã mais velha muito camarada: "Quando algum desses das bandas de cá se dirigir a você contando vantagens, fique sabendo, é pobre, pois os ricos não se dirigem a nós de maneira nenhuma, a não ser para dar ordens ou chamar a polícia. Se um desconhecido de 'boa aparência' não ordenou nada a você, nem chamou a polícia por causa de sua cor, é pobre disfarçado – seja preto, seja branco".

"Tou entendendo, 'Big' Ella, pode continuar..." – ironizei-a, que nisso também não fico atrás de ninguém, é só me cutucarem para ver.

Ella prosseguiu sua aula de malícia: "Se uma moça lhe disser que é administradora de salão de cabeleireiros 'chic', fique sabendo, esse é o código que ela usa para 'manicure'. Mas não faça a bobagem ou a indelicadeza de devolver-lhe na cara o 'manicure' – seja gentil com todos, principalmente com as moças de nossa cor, que são oprimidas por tudo quanto pesa sobre os negros e ainda muitas vezes por seus pais ou namorados machões".

Senti naquele momento que Ella falava de si mesma. Minha meia-irmã retomou: "A 'dona' do 'haute coiffure' sabe que está pregando uma mentira – e espera que você também saiba e tenha a delicadeza de não zombar".

"E se um cara disser que é, por exemplo, dono de loja de móveis?". "Então ele é, na melhor das hipóteses, marceneiro".

Devolvi a Ella: "Por essa lógica, se um fulano disser que tem um posto de gasolina, então, é frentista!".

"Viu?", Ella sorriu magnanimamente. "Não é difícil traduzir esse código, não é mesmo?".

Fui-me escolando nessas conversões de código, de tal maneira que, depois de algum tempo, andando pela rua, ia competindo com Ella: "Esse é carpinteiro." – "Isso!"; "Aquela é babá." – "Isso!"; "Lá na frente vai um mensageiro." – "Isso!"; "Atravessando a rua, vai uma balconista." – "Isso! Isso! Isso!".

Depois de um mês, já tinha toda uma tabela de conversão de profissões na cabeça. Não havia mais amigos de Ella

Boston, capital do estado de Massachusetts (EUA) na década de 1940. Foto: Chrisitian Science Monitor.

que eu não submetesse a meu raio X, para escrutinar seu verdadeiro "status social".

* * *

Não vá pensado que vim direto de Lansing à Big Apple, não, velho louro falador. Se tivesse vindo direto, acho que teria sido devorado mais rápido no Harlem do que um belo filé cru em tanque de piranhas.

No meu primeiro *tour* por Boston sozinho, fiquei embasbacado: Cambridge, Harvard, monumentos históricos, metrô, estações de trem Norte e Sul, estações rodoviárias, porto, docas, calçadas de pedra, ruas apertadas com multidões circulando, sessões de cinema com filmes do dia e salas com ar condicionado, lojas de departamentos gigantescas nunca sequer sonhadas por qualquer caipira de Lansing, o Roseland State Ballroom, em que – nem desconfiava – iria trabalhar, ufa! Era uma vertigem desconhecida que enchia meus olhos, meus pulmões e meu coração da mais violenta lufada de mundo! "Yes!", eu me ufanava a todo o momento em voz alta, com as pessoas passando ao meu lado e me achando um completamente lesado das ideias.

Porém, já sabe, os pés-sujos, os botecos ordinários, as mesas de sinuca e carteado me atraíam, me sugavam, me arrastavam com uma força desconhecida. "Ella não precisa saber por onde eu ando", eu pensava, ignorando que minha meia-irmã talvez me conhecesse muito mais do que eu mesmo.

Em seus trajes amigo-da-onça, nas portas das sinucas, ávidos por passar uma lambreta num otário; roubando no jogo de dados ou números, ou simplesmente andando pelas calçadas, batendo carteiras, aqueles jovens desocupados, gingando os ombros para lá e para cá, pareciam estar usurpando um lugar que era meu.

As rodas em que fui me metendo, mesmo ainda com minha cara de matuto do interior – a boca aberta para o céu e os altos prédios da cidade grande –, foi minha escola primária de palavrões e malandragem.

Em volta de uma dessas mesas de sinuca conheci Shorty, belo músico trompetista que, enquanto não montava sua própria banda, ia rolando de subemprego em subemprego. Ele cuidava das preciosas bolas que os malandros encaçapavam, depenando os pobres coitados que saíam direto do trabalho, após o expediente ou na hora do almoço, para arriscar uns caraminguás de seus mirrados salários na sorte grande do pano verde, dos dados ou do joguinho dos números, que pagava pouco por cent apostado, mas pagava muito se um dólar investido levasse a sorte grande.

"Enquanto arrumo as bolas, invisto um tanto das gorjetas nos números. Se dou sorte, ganho uma bolada e monto minha banda", dizia ele, doido para largar aquilo tudo e brilhar no show business com seu pistão.

Para provar que em Boston o dinheiro jorrava como água de gêiser, ele me pôs na mão dez dólares para eu me virar entre os punguistas, ladrõezinhos, escroques e cafetões que giravam em torno do pano verde da mesa de bilhar.

"Valeu, Shorty", disse a ele, que nunca quis receber de volta os dez dólares. Isso porque, como eu, também se chama Malcolm, foi com a minha cara, e porque descobrimos ser da mesma cidade, a velha Lansing, a respeito da qual trocamos altas ideias.

Chego em casa uma bela noite, depois de bater cabeça pelos becos infectocontagiosos da parte pobre de Boston, Ella me transmite um recado de Shorty: um emprego. Advinha onde? No próprio Roseland State Ballroom. Um bacana tinha acertado o miraculoso número e ganhado uma grande bolada, e sua caixa de engraxate no piso superior ia ficar vaga.

Não vacilei. Shorty me apresentou ao sortudo Freddie, um elegante homem de pele morena, que me treinou duas noites na arte de fazer brilhar os cromos de jacaré – e outros bichos de couro bons para se fazer sapato de baile –, enquanto Benny Goodman com seus músicos geniais preparavam suas armas para botar para quebrar no Salão Monumental.

"Aqui você fatura de todo lado, brother", ensinava Freddie, enquanto engraxava, escovava, lustrava e fazia estalar a flanela com uma velocidade atordoante.

"É o seguinte", dizia ele, "tem que calcular os movimentos com exatidão e mandar brasa com rapidez, pois os caras sobem aos montes e se não maximiza seus movimentos, perde dinheiro. Ganha-se mais alugando toalhinhas a quem vai ao banheiro do que engraxando. Se fatura rápido nas engraxadas, sobra tempo para alugar as toalhas, dar uma escovadas nos paletós dos bacanas e mandar-lhes vários elogios ouvidos a dentro. Vai ver que, quando o elogio atinge o fundo da vaidade do bacana, ele saca um dólar, enfia em seu bolso e volta para o Salão Monumental disposto a ganhar a simpatia da garota considerada a mais difícil segundo os maiores especialistas na matéria. Aprenda rápido, pois preciso largar isso aqui o quanto antes e comprar logo meu Cadillac."

Sobre esse particular, o Cadillac, tirei a dúvida como o Shorty, que riu na minha cara. Era outro código a ser convertido, pois, para ganhar o suficiente numa bolada para comprar uma bela lataria como essa, o investimento fugia à alçada dos engraxates, mesmo os mais bem sucedidos.

Porém, o Freddie acabou comprando realmente não um Cadillac, mas simplesmente um Buick de fazer cair o queixo de qualquer um que da calçada o visse passar. "Então", pensei, ainda não desprovido da minha ingenuidade interiorana, "se dá para comprar um Buick engraxando sapatos, dá para um negro virar advogado no momento em que quiser".

Porém, a verdade, a dura verdade, não demora a bater na porta dos ingênuos, bastando, então, que eles resolvam abri-la para encará-la friamente.

Nos dois dias de experiência com Freddie, descobri que não era possível a ele faturar o que faturava só com engraxadas ensandecidas e toalhinhas alugadas a quem ia ao banheiro tirar o suor da cara para voltar recomposto ao Salão Monumental.

Ele intermediava encontros dos solitários do baile com moças dispostas a terminar a noite com alguns dólares a mais na carteira. Sim, o nome disso é cafetinagem e prostituição, Lory.

Ele também vendia garrafinhas de Scotch para os duros que só tinham grana para a entrada do baile e para o modesto consumo clandestino. Naturalmente, além do Scotch, quem preferisse drogas ilícitas, tava na mão. Isso eu fui sacando, mas ele me ensinou outra que me aumentaria bastante a renda.

A coisa mais comum era um perdido e uma perdida irem ao baile, ou nele se conhecerem, e desejarem terminar a noite juntos. Sempre desprevenidos, esses casais não tinham como recorrer a ninguém, senão a nós, seus engraxates salvadores, que, com os bolsos cheios de preservativos, chegávamos a vender cada um a dez dólares, a depender da procura. Noites de bailes negros eram de altíssimo faturamento para nós, pois estava implícito que todos iam ao baile para dançar e depois namorar.

Ao final da segunda noite, Freddie me sorriu com sua cara parda: "Red Little, umas coisas eu falei, outras você viu; outras, pode deduzir por conta própria. Está pronto para brilhar aqui no piso superior".

Não deu outra: Duke Ellington, Count Basie, Lionel Hampton, Cooti Williams não foram os únicos que, ao subirem para o banheiro, ao me virem, levantavam as mãos e saudavam: "Hey, Red, manda ver nesse pisante, brother!".

Então, só dava eu, engraxando, escovando, lustrando

e estalando minha flanela enlouquecida a mil por sengudo, plác-plác-plác, em busca daqueles preciosos cents.

Porém, Lory, tudo na vida acaba, e meu amor pelos estalos – que aprendi a dar com a flanela durante minhas engraxadas frenéticas para conquistar cents a mais de gorjeta – acabou.

A sensação maravilhosa de arrancar um sorriso de felicidade – e um dólar do bolso – de um usuário do banheiro, salvo por uma toalhinha seca e cheirosa, acabou. A felicidade de ver um casal de jovens, cuja noite eu salvara com meu preservativo mais que oportuno, Shorty, meu velho... acabou.

Principalmente quando, num dia de folga, fui parar na pista de dança em formato de ferradura do Roseland State Ballroom, onde os casais se exauriam no mais intenso frenesi ao som das bandas, que aceleravam crescentemente o ritmo da música, enfurecidas, até que restasse apenas dois dançarinos à beira do colapso ao centro do salão, sob o bombardeio dos holofotes coloridos.

Tirado para sacudir o esqueleto por uma moça que dançava como uma negra possuída pelos espíritos da África, descobri que sabia dançar. Até ali, nunca tinha ousado sequer me aproximar de uma garota com esse propósito. Nos bailes caipiras da escola em que fui presidente de turma, em Lansing, sempre fui deixado de lado por causa da minha cor, então, dava por certo que dançava tão bem quanto jogava basquete.

Mas essa moça, essa moça... ah, essa moça... fez acender em meu corpo o suingue ancestral e, sem me dar conta, com ela, já estávamos dançando feito doidos, o restante do baile batendo palmas para nós.

O jovem Malcolm X, ainda Malcolm Little, ou Little Red, os cabelos alisados. Foto: Malcolm-X.org

Uivando e vibrando com o verdadeiro transe em que eu e minha parceira tínhamos entrado, todos se regozijavam com essa rainha da noite e esse novato, que dançava como um verdadeiro príncipe das pistas.

Eu a jogava para o alto, girava nos calcanhares, apanhava-a pelos quadris e fazia-a descer pelo meu tronco até o chão, numa coreografia que, até esse momento, só assistira do balcão, em que ficava encarapitado com minha caixa de engraxate.

Não estou contando vantagem, Lory. Tornei-me rapidamente um dançarino desejado por todas quantas quisessem, ao final do lotado baile negro do Roseland State Ballroom, ter as luzes dos refletores projetadas só sobre si. Dançar comigo virou uma forma de aparecer.

O final dos bailes negros era uma espécie de torneio de resistência, em que os exaustos iam saindo, até sobrar na ferradura – em cuja extremidade ficava a banda turbinada, que acelerava o compasso alucinadamente – somente um casal solitário, banhado de suor, prestes a desabar de exaustão.

* * *

Porém, não pense que não me preparei para esse dia. Muitos já tinham me dado um toque de que eu precisava descer ao Salão Monumental e arriscar a sorte lá embaixo. Quando decidi encarar meu destino, o Shorty me disse:

"Vamos alisar essa cabeleira, Red. Afinal, você já é gente grande".

Ele achava que eu tinha a idade dele, mas ele era mais velho do que eu, inclusive com o bônus de idade que a vida na rua dá. Na verdade, ele parecia ter uns vinte e cinco anos bem gastos. Ele fez a mesma cara que você há pouco, quando lhe falei minha idade real.

"Tanto faz, já é homem", ele falou, dando de ombros.

"Então, vamos nessa, Shorty", disse-lhe.

Daí, ele me deu uma lista de produtos para comprar: uma lata de lixívia Red Devil, dois ovos, duas batatas médias, um pote grande de vaselina em pasta, uma barra de sabão, um pente grosso, um pente fino etc.

Com a encomenda num saco, fui ao muquifo do Shorty. Ele foi logo dizendo: "Deixa eu preparar esse congolene. Seu couro cabeludo vai arder um bocado com tanta lixívia. Mas quando mais arde, mais estica, essa é a lógica. Quando não suportar mais, me avise, que enfiamos sua cabeleira vermelha na água fria, mas segure o quanto puder, *okay?*". "Vamos nessa, respondi-lhe sem vacilar. No entanto, Lory, não vou negar, chorei.

Ele emplastrava minha cabeleira, esticava com pente grosso, depois, com pente fino. Quanto mais ele esticava, mais eu enfiava as unhas nos braços da cadeira. Ou quebravam-se os braços dela, ou meus dedos se quebravam. Lágrimas quentes desciam de meus olhos sem que eu pudesse controlar. Perdi a conta de quantas vezes ele alisou e lavou minha cabeça até que eu conseguisse respirar – passaram de dez –, pois até engasgar eu engasgava com a salivação que a dor me proporcionava.

Quanto vi no espelho meus cabelos esticados, de um vermelho mais intenso e lustroso, não me contive: toquei-os. "Céus! Macios como a mais pura lã!", pensei comigo, chorando e rindo ao espelho simultaneamente. "Nunca mais vivo sem isso!".

Tenho consciência de que meu primeiro contato com as drogas foi esse, Lory, pois esticar os cabelos tornou-se para mim um vício sem o qual eu não me sentia mais seguro. Um novo Red nasceu por debaixo desses cabelos esticados.

– Cuidado, *guy*, pode ser que esse novo Red, alisado e turbinado com drogas para dançar sem parar, não seja melhor do que o antigo.

Olha quem está falando... o velho Lory, com seus cabelos esticados e pintados!

– Pois é, Red. Vou chegando à conclusão de que o jovem Lory, aquele de antes de esticar os cabelos para parecer branco, talvez tivesse muito a me ensinar ainda, se eu o tivesse mantido vivo, se eu não o tivesse matado com o congolene, a lixívia e o sentimento de inferioridade que plantaram dentro de mim – e que eu deixei crescer por tempo demais.

Subindo na vida: de engraxate a balconista

5

Pedi as contas no Roseland, torrei o dinheiro que tinha e o que não tinha em roupas novas, camisas, meias, ternos estilo amigo-da-onça – daqueles que a polícia te identifica de longe como malandro – e zanzava toda noite por esquinas, mesas de bilhar e bailes, em que aperfeiçoava meu suingue ao som da música negra que se elevava dos grandes salões e dos muquifos de bebida barata, companhias duvidosas e som de primeiríssima.

Mas eu preferia mesmo era o Roseland, em que meu substituto na caixa de engraxate olhava meus trajes francamente exagerados com a mesma admiração que eu devotara aos do Freddie. Bem, não foi com outra intenção que me empacotei em um terno cinza lustroso e calcei meus pisantes cor de laranja, de solas finas como seda e bicos incrivelmente protuberantes.

Estava a fim de ficar desempregado, mas Ella, que também aprontava das suas, não queria que eu ficasse solto demais naquele mundo de facilidades, cujo destino era a cadeia. Então, me arrumou um emprego no Towsend Drugstore, na região de Hill.

— Então quer dizer que teve de servir sorvetes, sodas e outros refrigerantes aos pobretões metidos a bacanas de Roxbury.

Pois é. Ella sabia que seria difícil para mim suportar essa papagaiada de gente pobre contando vantagens para esconder sua vergonha inexplicável, mas não pude recusar, afinal, estava morando na casa dela e estava meio implícito que as minhas despesas eu mesmo é quem deveria custear.

— E como é que se saiu?

Sabe, Lory, há uma dignidade na pobreza. Antes de minha família ser liquidada pela morte de meu pai e pela depressão profunda de minha mãe, éramos pobres, mas não nos sentíamos menores por isso. Aguentar gente pobre arrotando uma riqueza que não tem, com um jeito de falar pedante, imitado de seus patrões, olha... eu me segurava para não pular o balcão e socar a lataria do indivíduo.

— Sei como é, e preciso confessar: já fiz essa pose. Mas não é possível que só tivesse coisa ruim nesse emprego. Tudo tem seu lado bom...

Confesso, tinha. E a melhor delas era uma moça, que vou chamar de Laura para não comprometer.

— Assim é que se faz. Não se deve expor o nome das pessoas, assim, sem mais aquela. E o que tinha ela que compensou os falsos bacanas que tiravam você do sério?

Ah, ela era muito legal. Bonita, um tanto tímida, e gostava de ler, como eu, antes de chutar a escola de uma vez. Ela achava engraçado eu ser negro como ela, mas ter cabelos ruivos. Tive que provar-lhe que não pintava os pintava. Porém, senti que ela demorava demais seus suaves dedos nos meus cabelos esticados.

– Então ela ficou caída por você...

Ficou. Demorei a acreditar, mas, sim, cheguei a essa conclusão depois de ser forçado a contar a quantidade de vezes que ela aparecia no Townsend para tomar sorvete e folhear seus livros volumosos, daqueles que ficam em pé sozinhos.

– Ela queria impressionar você.

E conseguiu. Logo estávamos falando de suas leituras e de minhas aventuras pelos bailes, depois de sair do Townsend. Ela era doida para dançar, mas sua avó, muito religiosa e desconfiada, não lhe dava a menor chance de ir a festas ou bailes. Então, ela dançava sozinha em seu quarto. Mas eu envenenei a neta, sabe como?

– Não faço a mínima, Red.

O Count Basie ia se apresentar no Roseland no fim de semana, então, convidei-a. Ela vacilou, mas, como toda boa garota de sua idade, mentiu para a avó. E fomos, não sem antes passarmos em casa. Minha irmã Ella ficou feliz da vida, afinal, na cabeça dela, eu estava namorando com uma garota do Hill, uma negra com um grande futuro pela frente e blá-blá-blá. No Roseland, conheci Laura em ação. Para encurtar a conversa, dançamos como se nos conhecêssemos há anos. Os casais foram se afastando e ao final, com a orquestra turbinada a acelerar o ritmo alucinadamente, só restava eu e Laura, dando nosso show, entre as palmas compassadas, mas histéricas, de todos, e sentindo o suor quente escorrer por dentro de nossa roupa empapada.

– Então ela dançava muito...

Lory, não estou exagerando, nunca tinha dançado com ninguém igual, sequer parecido. Leve como pluma,

> **7**
>
> Em sua Autobiografia, Malcolm chama essa sua "paixão bandida" de **Sophia Cadillac**. Seu nome verdadeiro é Bea Caragulian. No processo que o porá na cadeia, ela consta (com sua irmã mais nova, Joyce) como cúmplice da série de arrombamentos e assaltos a mão armada. Seu depoimento, ditado pela promotoria e que ela assina e lê no julgamento, será decisivo para a condenação de Malcolm e Shorty. Nesse depoimento, Bea acusa Malcolm de tê-las coagido a participar dos assaltos. São arroladas, assim, como vítimas, não como membros da quadrilha, o que efetivamente eram.

lisa, escorregadia como uma cobra, precisa e exuberante. Senti até um pouco de inveja, pois em vários momentos fiquei a sua sombra. Mas a verdade é que meu caráter já estava meio estragado. Acabei a noite dançando com outra moça, enquanto Laura assistia-nos sozinha, à sombra dos holofotes.

– Isso não é coisa que se faça com uma moça, Red.

Eu sei, Lory, mas essa segunda, Mamie Bevels, que apareceu para dançar, me deixou desconsertado. Ela era uma rainha do suinge, e eu não podia vacilar, pois, no código estabelecido das pistas de dança, ela estava me desafiando. Quando me dei conta, já estava deslizando pelo salão com ela. Mas não foi isso que estragou meu relacionamento com Laura.

– Ora, se não foi isso, o que foi? Não imagino nada pior para uma garota do que ser rejeitada em público.

Depois disso, saí várias vezes com Laura. Fui até sua casa e conheci, mesmo, sua avó, que fazia questão de demonstrar sua repulsa por mim. Quando Duke Ellington se apresentou no Roseland, demos um show. Ele chegou mesmo a fazer uns acordes no piano saudando Laura, porque era mesmo bonito ver seus pés de plumas coreografarem o som hipnótico do jazz. Mas a verdade é que eu não sentia por ela a atração que outras me despertavam. Ela sofreu, porque...

– Estava apaixonada por você.

Estava, mas o que eu podia fazer? Acabei me envolvendo com outra moça, vamos chamá-la de Sophia. Uma loira que, por causa do carro que tinha, chamavam Sophia Cadillac. Eu passei a andar para cima e para baixo com ela. Isso não melhorou o humor de Laura.

– Imagino que não.

Não podia mentir para Laura. Ela era legal, mas Sophia se tornou minha loucura, que eu ainda esfregava na cara dos outros, pois era um alto status desfilar pelo Harlem com uma dona branca – e ainda por cima receber dela alguns trocados.

– Você estava se prostituindo, Red.

Não! Éramos namorados – embora Ella tenha dito o mesmo que você. Havia uma química entre a gente. Ainda nos vemos, às vezes...

– *Okay*, Red, meu velho. Você a usava para desfilar no Harlem e mostrar como era um negro bem sucedido, ela o usava para mostrar a todos como era capaz de conquistar um garanhão, e o nome que você dá a isso é amor. Então, tá...

Entenda como quiser, Lory. Opa, lá vai espuma no meu uniforme. Acho que fui uma péssima descoberta para a Laura, tão boa garota era. Fui a porta pela qual ela caiu no pior dos mundos.

– Como assim, Red? Não vá dizer que...

Ah, foi péssimo, Lory. Se eu pudesse fazer a roda do tempo voltar para trás. Ela parou de estudar, começou a usar drogas cada vez mais pesadas, caiu no alcoolismo... Depois, sem dinheiro para custear as drogas e o Scotch, passou a se prostituir para pagar seus vícios.

– Pode ser que você tenha mesmo parte nisso, meu velho. Porém, a verdade é que a história dela é a mesma de todas as outras moças que vêm do interior e encontramos em volta das mesas de bilhar ou pelas esquinas do Harlem. Quando elas estão chegando à idade adulta, o belo *american way of life* bate a porta na cara delas, e o que lhes resta, se não querem ser uma espécie de escrava moderna mal remunerada e morando num cortiço embolorado, a limpar banheiros dos "vencedores", é tentar a vida dessa maneira, e em pequenos furtos.

Sim, pequenos furtos, ia me esquecendo... Ela acabou na cadeia várias vezes por essa razão, uma tristeza. Tudo por causa de um cego, surdo e insensível chamado "eu".

– Ora, Red, autopiedade a essa altura do campeonato!

Não tente diminuir minha culpa, Lory. A avó de Laura tinha razões de sobra para não ir com a minha cara.

– Se não fosse você, outro apresentaria nosso belo mundo cão a essa moça, como tantos estão fazendo a outras tantas neste exato momento. O dia da justiça social para os negros neste país ainda não chegou, meu velho. Um dia desisto disso tudo e me arranco a bater pernas pelo mundo...

Ora, e para onde iria?

– Sei lá... América do Sul... Talvez Brasil. Tem um belo pedaço da África lá.

Pode crer. O fato é que, por essas e outras, chutei meu

emprego no Townsend. A guerra tinha estourado, e muita gente tinha sido convocada, então, vagas foram aparecendo por todo lado. Descolei um trabalho de vendedor de sanduíches na companhia de trens Yankee Clipper, linha Boston-Nova Iorque.

– Subiu na vida rápido, *guy*. Virou "mister" ferrovia?

Virei... Na verdade, "mister" Sanduíche Red. Assim fui deixando Boston para trás.

– *Okay*, "mister" Sanduíche Red da Yankee Clipper, segura um pouco esse trem, pois essa viagem parece longa e eu preciso ir ao toalete. Afinal, de Boston a Nova Iorque não se vai sem paradas, rs rs rs.

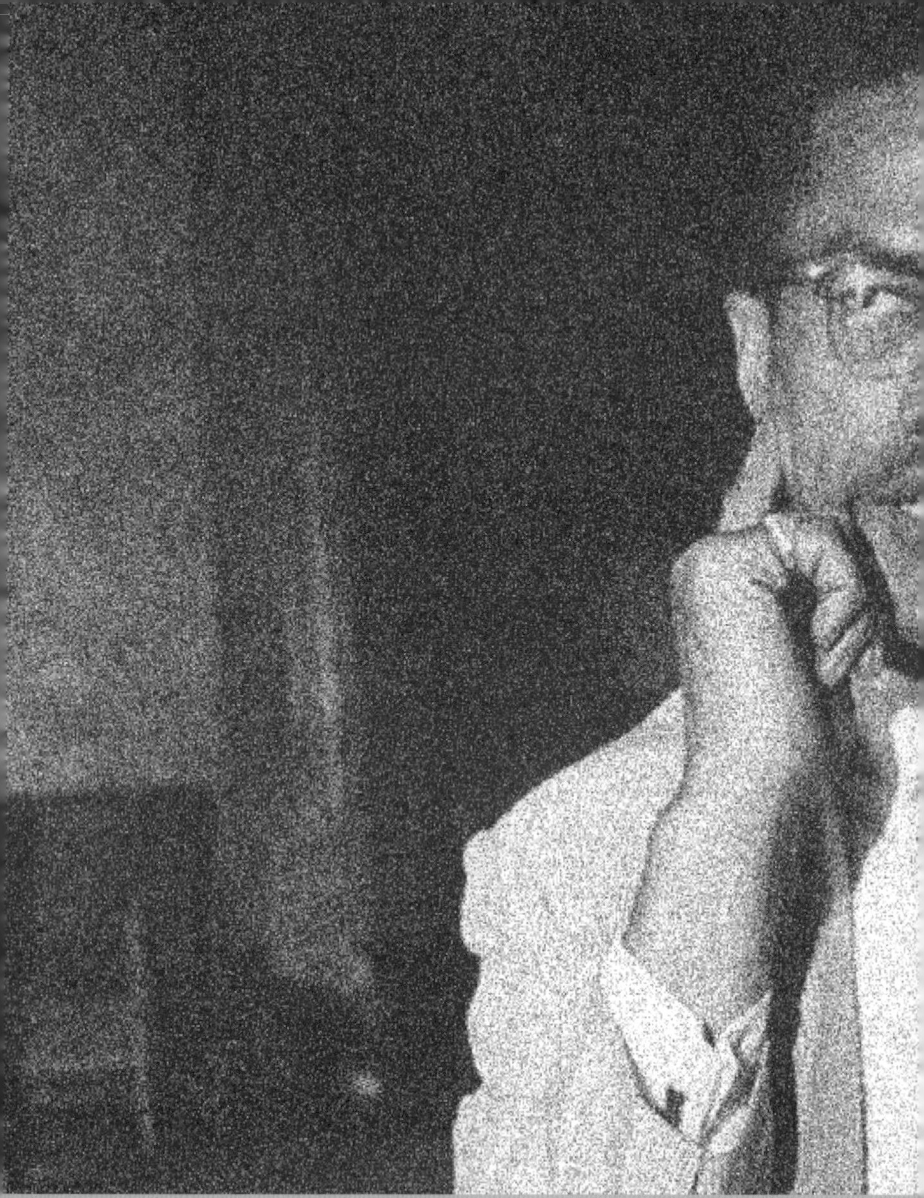

Mister Sanduíche Red

6

Lory, aproveita que está voltando do banheiro e me traz o rodo e o pano que está aí perto da porta. Respingou um bocado de água aqui em volta da pia.

— Tá na mão, Red. Antes de explicar como é que descolou esse emprego, poderia matar uma curiosidade que me atormentou durante minha viagem de ida e volta ao toalete?

Vai falando, enquanto eu enxugo o chão.

— Como é que se livrou da convocação para a guerra?

Essa é simples de responder. Primeiro, eu era de menor, então menti ao pessoal da ferrovia. "Idade?", o contratador perguntou. "Vinte e um", respondi sem vacilar, quiá quiá quiá. Depois, quando entrei na faixa do alistamento militar, dei uma de psicopata para o médico que me examinou. O cara botou no meu laudo que eu era perigoso com arma na mão, quiá quiá quiá. Nunca tinha pegado numa arma na minha vida. Quem caçava coelhos em casa era meu pai, depois, meu irmão. Nunca quis saber desse negócio de mandar bala nem em mosca. Mas o doutor caiu na minha esparrela. Ele me perguntou, sim, pois fui voluntariamente à junta de alistamento: "Por que quer incorporar-se?". Dei umas viradas de olhos e respondi mais ou menos: "Porque quando pôr as mãos naquelas belezinhas que cospem fogo, vou barbarizar". Ele arregalou os olhos e perguntou: "Barbarizar quem?". Respondi na lata: "Ora, os inimigos". Porém, ele não se contentou: "Quem são os inimigos para você, senhor Malcolm Little?". Respondi enigmaticamente, piscando para ele: "Ué, quem estiver na frente do meu cano, principalmente os brancos, não é assim que funciona?". O cara me mediu de cima a baixo com seus grandes olhos esbugalhados, como se eu fosse um ovo de cobra se rachando a sua frente. Não deu outra, atirou apressado a caneta azul para o canto, apanhou a vermelha e lascou no meu certificado de alistamento militar, em palavras técnicas, que eu era um perfeito e acabado desequilibrado mental.

– Muito bem, Red. Afinal, por que ir para uma guerra morrer por quem nos humilha? Você foi esperto, pois não desembolsou nada. Eu, preferi subornar o agente da junta, para não ter que ficar respondendo perguntas que na época poderiam me incriminar.

Lory, vou lhe falar, a gente consegue escapar do exército, mas não consegue escapar da ira de algumas mulheres.

– É um belo conceito, Red, meu velho. Mas não sei do que está falado agora.

É que eu ter abandonado o balcão do Townsend despertou em Ella as maiores fúrias que se pode imaginar. Se não fosse a Sophia...

– Que tem ela?

Ela me descolou uma grana mensal para eu dividir o

aluguel com o Shorty, pois, a rigor, fui posto para fora de casa,

— Então foi morar com o bacana que te alisava os cabelos...

Correto, mas com a condição de descolar trabalho. Arrumei um bico de garçom por um tempo, depois, por influência de Ella, que conhecia um funcionário da ferrovia que frequenta a mesma igreja que ela, fui parar nos vagões da Yankee Clipper: "Olha o sanduíche de queijooooo e presunto, chocolaaate e bolo frescooo!", ia eu cantando meus produtos e arrancando gargalhadas dos passageiros, que adoravam me ver imitando músicos de jazz e humoristas, com minha caixa de lanches e guloseimas se enchendo e esvaziando adoidado.

— Quer dizer que se deu bem...

Sim, não posso negar. Tanto que, quando um funcionário mais experiente voltou de folga e deveria pegar a minha vaga, mandaram-no para outro lugar, pois eu estava enchendo os bolsos da ferrovia com meu modo imbatível e divertido de vender sanduíche barato. Porém, vou lhe contar um segredo, Lory...

— Tou louco pra ficar sabendo...

Marcus Garvey, natural da Jamaica (17/8/1887 – 10/6/1940), liderou o fortíssimo movimento nacionalista negro nos EUA no início do século XX. Esse movimento exigia igualdade racial nos termos do liberalismo norte-americano – era, portanto, francamente capitalista –, e pregava o separatismo em relação à população branca. Uma de suas principais bandeiras era a de retorno dos negros à África, uma vez que, dadas as imensas injustiças sociais e a extrema violência racista, ele não via possibilidade de convívio entre brancos e negros num mesmo território. Em 1914, fundou UNIA (Universal Negro Improvement Association – Associação Universal para o Progresso Negro), célebre pelas imensas manifestações em todo o país, principalmente em Nova Iorque, na região do Harlem. Foto: Biography.com.

A jogada da Ella, ao me arrumar o emprego na ferrovia, foi para me afastar de Sophia Cadillac. Mas não deu certo, pois continuamos a nos encontrar sem ela saber. E aconteceu uma coisa que eu não havia previsto, mas que lá no meu íntimo estava latente, borbulhando quieta, mas que, dia a mais, dia a menos, ia me sacudir. Na minha memória ficaram guardadas as descrições que meu pai fazia e as fotografias das manifestações de protesto organizadas no Harlem por Marcus Garvey.

– Então, você aproveitou suas folgas na Yankee para bater pernas pela Big Apple.

Exatamente. Não sabe com que emoção fui parar no mesmo lugar em que, anos antes, uma multidão de negros se juntou para aclamar Joe Luis rei do box. "Uhu!", eu me dizia, me beliscando para ter certeza de que não estava sonhando. Lá estava eu, o *little* Red criado na roça, bombardeado pelas luzes mágicas da Broadway, esmagado de euforia pelas fachadas do salão de bailes do Savoy e do teatro Apollo. Mas antes de ver o Harlem pela primeira vez, fiz uma espécie de estágio na linha Boston-Washington – Aliás, nunca tinha imaginado que na capital do país, a algumas quadras da Casa Branca, pudesse haver tanta miséria. No Beco dos Porcos, por exemplo, uma procissão de crianças negras, barrigudas de vermes, andavam descalças por ruas enlameadas, em meio ao esgoto que corria a céu aberto.

– Em Washington?!

Em Washington, meu velho! Não vá pensando que a pobreza escolhe lugar no mapa. O pessoal da ferrovia inclusive me aconselhou a não ficar batendo cabeça pelos becos, pois a coisa ali era para profissional. Mas foi por pouco tempo, logo que pintou uma chance, consegui a vaga na linha Boston-Nova Iorque. Os cozinheiros gostavam muito de mim, tanto que me levaram de táxi para conhecer a Sétima Avenida. Um dos primeiros lugares em que entramos foi este belo Small's, onde me vê agora enxugando o chão.

– O progresso tem seu preço, Red.

Depois de rodar pelo Harlem e topar o tempo todo com negros que se vestiam com elegância, mas sem a pretensão de se exibirem a ninguém; depois de os ver entrarem em um bar e serem atendidos sem o menor resquício de servilismo, e de se portarem bebendo seu uísque e fumando seu cigarro com a mais digna civilidade, disse para mim mesmo: "Mister Sanduíche Red, aqui é o seu lugar". Procurando me portar condignamente, algumas vezes tomei um táxi e fui parar no Braddock Hotel, para xeretar no bar. E quem eu via, a conversar e tomar seus drinques na mais completa discrição? Ninguém menos de que Billie Holiday, Ella Fitzgerald, Dizzy Gillespie, Billy Eckstine. "Aqui os negros conquistaram alguma coisa", eu me dizia.

– Então esse foi o caminho que você fez até chegar aqui, Red?

Não, o trem de Boston a Nova Iorque tem muitas paradas antes, meu velho.

– Aí você falou uma verdade.

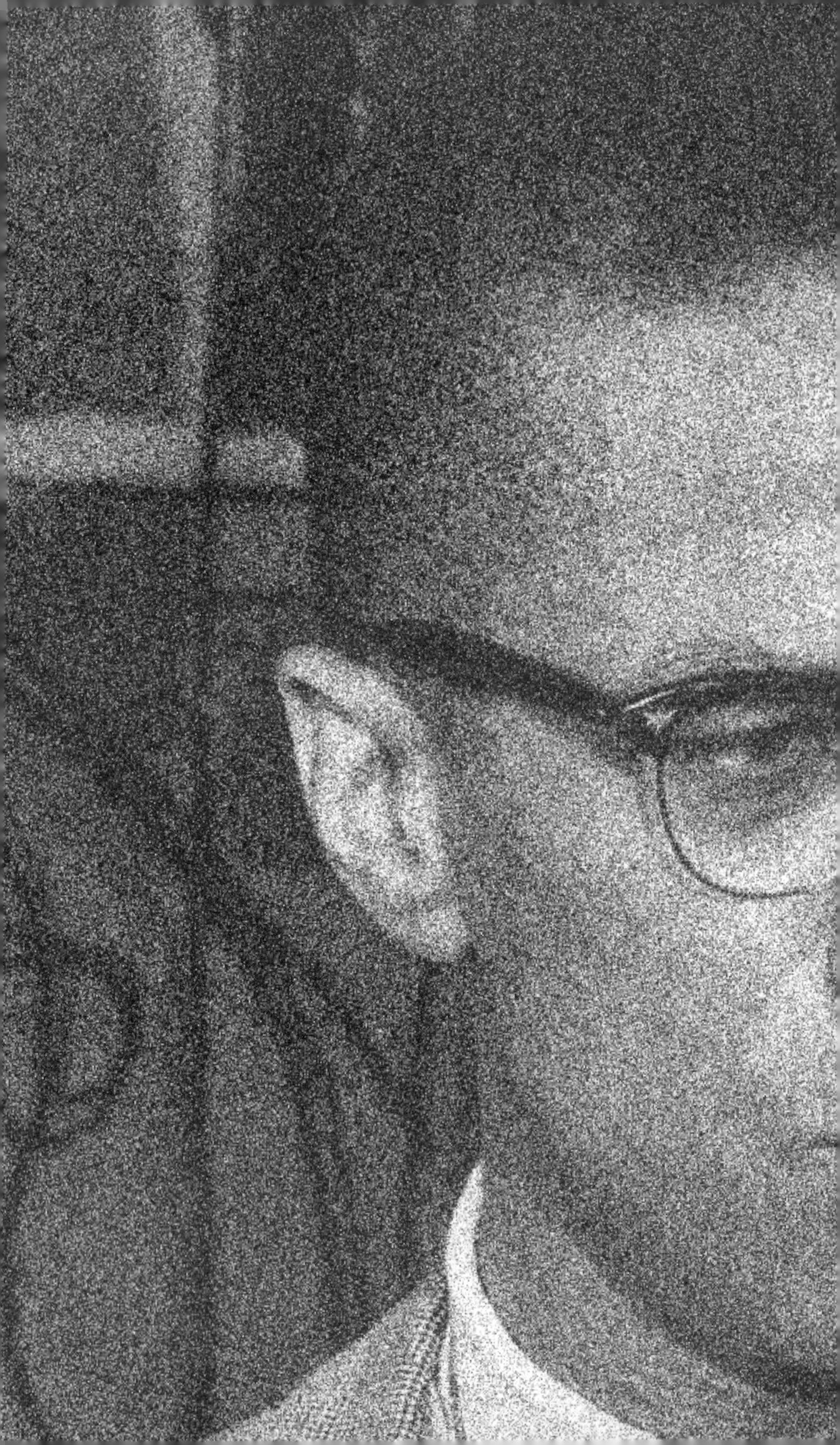

Não perca o humor, Red!

7

Passei a frequentar o Harlem, que a guerra convertera em campo minado para marinheiros e soldados brancos em geral. A coisa mais comum era, enquanto zanzava pelos becos, ver um malandro, vestido em roupa condizente, vendendo seus produtos aos pouco mais que meninos em fardas: de drogas a mulheres de todas as cores e procedências: negras, brancas, japonesas, polacas, latinas... Todo tipo de comércio ilícito rolava a céu aberto e a qualquer hora do dia. Bem, já sabe, Lory, por onde e com quem andei, de maneira que pulo essa parte.

– Pode pular.

Fiz enorme sucesso vendendo minhas guloseimas e quitutes com minha caixa de madeira às costas, vagão a vagão da linha Boston-Nova Iorque da Yankee Clipper, mas foi ficando difícil fazer isso de ressaca e ainda sob efeito das drogas – que se antes me tornavam engraçado, com o passar do tempo foram mexendo com meu humor e estragando meus nervos, confesso.

– A droga tem esse efeito, meu velho: primeiro, deixa eufórico, feliz da vida, logo depois, joga o cara num poço tão fundo que ele só consegue sair com muita força de vontade e ajuda.

    Um dia, um militar bêbado começou a me aborrecer – eu, lá, com minha caixa ainda cheia de sanduíches nos braços e ele me tirando do sério. "Vou quebrar você no meio, seu nego!". Minha orientação, nesses casos, era me afastar e chamar meu superior, mas resolvi me divertir com o grandalhão sulista com cara de tomate. "Experimenta", provoquei. Ele balançava para lá e para cá, mesmo com o trem no mais perfeito equilíbrio ou parado na estação. "Vou experimentar, e vai ser já", ele falava, babando no colarinho de seu uniforme. "Mas tire seu paletó, pois se te pegarem bêbado e brigando de uniforme, você pode ser dar mal, meu velho", disse-lhe, fingindo o mais profundo respeito pela farda. "Opa, garoto, bem lembrado", concordou o borracho. Já sem o paletó, ele ia tomando coragem de se mover em minha direção. "Mas as calças também são do exército, meu velho. Se te pegam brigando com uniforme, você está numa bela enrascada". A essa altura, metade do vagão já se dobrava de rir. Pois não é que o grandalhão, depois de tomar vários tombos, conseguiu tirar as calças? Ninguém se aguentava de rir. Ele, lá, o poderoso mas ridículo soldado da US Army de cuecas, e eu, o fracassado negro da caixa de sanduíches, mas vitorioso por nocauteá-lo com palavras.

    – Red, meu velho, cuidado com as palavras, pois elas são sua arma mais perigosa; nunca morda a própria língua, meu velho, quiá quiá quiá, tu é venenoso!

    Estou me convencendo disso, Lory. Mas o fato é que isso custou meu emprego, pois ninguém gostou de ver um "moleque" negro e linguarudo expor ao ridículo um representante das forças armadas dos Estados Unidos da América, a temida US Army. Na verdade, não me despediram só por isso. Irritado, comecei a responder mal a quem tirasse minha paciência, o que derrubou todo o prestígio que eu tinha angariado a custa de muito bom humor, tiradas espirituosas e ouvidos moucos – sim, pois piada racista era o tempo todo, então, se a gente presta atenção nelas, é inevitável que se fique irritado.

Porém, as ferrovias precisavam tão desesperadamente de funcionários que não foi difícil arrumar outro emprego, agora na Silver Meteor. Eles nem se davam ao trabalho de examinar os antecedentes do candidato à vaga. De qualquer modo, para alugar travesseiros e limpar vagões, não poderiam exigir muitos pré-requisitos de ninguém.

– Então, em certo sentido, você andou para trás...

É, não foi muito inteligente da minha parte deixar de vender sanduíches e me divertir com os passageiros para empunhar um balde, um esfregão e limpar vômitos do assoalho dos vagões. Mas isso também não durou muito. Meu chefe confundiu sua autoridade com desvios racistas, então, disse-lhe umas boas verdades e ele, coerente com sua ideologia, me mandou embora.

– Ser negro no coração do capitalismo não é fácil, Red. Vá se acostumando.

Acho que essa é uma coisa que eu não vou conseguir nunca, Lory.

– Tsc, tsc, tsc. Você vai viver em pé de guerra a até o fim dos seus dias, Red.

Contanto que eu não perca o humor, pra mim, tudo bem.

— Mas é isso que já estão lhe roubando, não percebe?

* * *

O que manda, chefe? Scotch?
— Nada. Vim aqui só para tirar suas medidas...
Opa, então os alfaiates daqui já leem pensamento? Estava mesmo precisando de um novo terno amigo-da-onça. Mas já vou avisando...
— Vai falando, enquanto eu estico a fita métrica.
Estou sem grana.
— Isso não é problema...
Antigamente me pagavam uns birinaites, ou uma partida de bilhar, ou uma apostazinha nos números por pura camaradagem, mas é a primeira vez que presenteiam com um terno. Posso saber quem é que está me "obsequiando"?
— Tchau. Pergunta aí pro seu amigo falador, que um dia vai ter que imigrar da América se não quiser virar comida de peixe, isso depois de ser levado para um "banho de mar" forçado no rio Hudson...

* * *

Então, Lory, tem alguma coisa a me dizer sobre esse particular?
— Não reconheceu o alfaiate, Red?
Juro que não, e olha que sou bom fisionomista.
— Ele trabalha para a gangue dos quarenta ladrões. Digamos assim, é um "executivo". Tá na cara que eles querem você no negócio deles. Parece que você está se complican-

do, Red. Os "bicos" que você faz quando não está no Small's vão lhe render mais do que está procurando...
 Já estão rendendo.
 – Resta saber se isso é bom ou ruim. Fique certo, amanhã ou depois você receberá deles um belo terno azul claro, estilo clássico, impecável. Mas não se engane: é um uniforme de trabalho. A outra parte do uniforme eles mandam depois: uma pistola. Veja minha conta aí, Red, que o ambiente aqui de repente ficou perigoso, e acho que vou ter mesmo que imigrar. É preciso entender bem o recado que eles nos dão.

HUDSON BALLROOM
BWAY

BRING YOUR
FAMILY AND FRIEND

FREE

Um relógio que atrasa a vida

8

GANGUE DE ARROMBADORES ATERRORIZA BOSTON!

Polícia desnorteada investiga série de crimes que intriga as autoridades. Sem testemunhas, casas são arrombadas. Não há pista dos bandidos. Residências da cidade de Newton, nos arredores de Boston, também foram alvo dos assaltantes.

Shorty, meu velho, depois que eu caí na besteira de oferecer encontro com mulheres a um policial negro disfarçado de cliente, lá no Small's, o Ed e o Charlie não tiveram alternativa, a não ser me mandar embora, senão ia sobrar para eles também. Acontece é que, depois disso, minha vida rolou ladeira abaixo. Para negro, no belo "sonho americano", só resta o subemprego, o desemprego, a esmola ou o crime. A elite branca não deixa alternativa para a gente.

– Pense bem no que vamos fazer, Red. Bater carteira, limpar o caixa de um bar de propriedade de negros, assaltar

1º. de dezembro de 1945.

Uma série de assaltos a residências em Boston e cidades vizinhas tem intrigado os investigadores do departamento de polícia local. Sem deixar pistas, sem fazer vítimas e sem testemunhas, os criminosos invadem casas e estabelecimentos comerciais durante a noite e esvaziam as gavetas e armários das vítimas. Dinheiro, objetos pessoais, alguns bastante valiosos, pulseiras, brincos, relógios e carteiras estão entre os preferidos dos marginais.

Assustada, a população exige que as autoridades tomem providências, mas até o momento só o que se ouve dos responsáveis pela segurança pública é que as investigações prosseguem em ritmo acelerado. É preciso dar um basta a essa situação!

um irmão... para isso eles não dão a mínima. Querem mais é que a gente se mate. Eles até gostam quando pobre sacaneia pobre. Mas roubar casa de bacana, aí a coisa pega, meu nego.

Sacanear pobre, Shorty? Me inclua fora disso. Vamos pras cabeças. O Sonny Brown já topou, a Sophia e a irmã mais nova dela, a Joyce, também.

– E tem a Kora!

Ia me esquecendo dela. Como são brancas, ninguém vai desconfiar de vê-las dentro de um Cadillac parado na frente da casa de quem quer que seja.

– Se nos pegarem, estamos enrascados, pois ainda vão nos acusar de formação de quadrilha e de aliciar e explorar três moças brancas.

Nada, a folha corrida da Sophia deve ser maior do que a nossa. Além do mais, não é mais quadrilha, já somos um sexteto, rs rs rs.

– Vai fazendo piada, vai nessa...

Fica frio, Shorty, e esconde direito a arma nas costas, pois se negro cem por cento inocente já é suspeito, armado então, primeiro atiram, depois perguntam.

– Mas brancos podem andar armados o quanto quiserem...

Aqui, Shorty, branco dá carabina de cano serrado de presente ao filho de sete anos quando ele entra na escola, mas se negro for pego com cortador de unhas, meu amigo...

– Bom, Red. Então vamos nessa.

* * *

Está demorando, cadê o Sonny?

– Está fazendo a parte dele, Red. Ele entrou pelos fundos, ainda deve estar forçando a fechadura. Ele tem que ir na manha, para não fazer barulho. Não falei, olha ele ali na porta da frente, que ele abriu por dentro.

Fez sinal, vamos devagar, para não dar na vista.

– Grande, Sonny. Por onde começamos, Red?

Vamos para os quartos, mas em silêncio. O que estiver difícil, deixa, para não chamar a atenção dos vizinhos.

– Onde ponho essas joias e esses relógios, Red?

Tira a fronha do travesseiro, Sonny. Vamos enchê-la e cair fora.

* * *

Você tem certeza de que a grana está aí, Shorty?

– Tem que estar. Vim tomar vários birinaites aqui para não ter dúvida. Sonny, mostra sua arte aqui, meu velho, que essa tranca está dificultando nosso lado.

– Afasta, Shorty, isso não é para amador. Conta até dez, se não conseguir abrir, podem ficar com a minha parte.

Um, dois, três, quatro... Uhu. Grande, Sonny!

– Não disse? Caixa de bar é igual namorada: não pode ir metendo a mão, não! Tem que tratar com carinho, que ela se entrega como se estivesse desmaiando.

* * *

E aí, meninas? Tudo certo? Não precisam de pressa, que essa foi moleza. Só vão dar conta de que foram roubados depois de amanhã.

Um relógio que atrasa a vida

> **9 — Malcolm Little ingressa na prisão**
>
> Foto: Prisão de Charlestown.
>
> Em janeiro de 1946, a um mês de completar vinte e um anos de idade, após chefiar um bando de assaltantes composto por ele, seu amigo Malcolm "Shorty" Jarvis, Francis E. Brown (Sonny), Kora Marderosian, a namorada Bea Caragulian (que ele chama "Sophia", em sua *Autobiografia*) e Joyce, irmã de Bea, Malcolm "Detroit Red" foi preso numa joalheria em que deixara um relógio roubado para conserto. Processado duas vezes por mais de dez assaltos em dois condados de Massachusetts (Norfolk e Middlesex), foi condenado a dez anos de prisão, na qual ingressou em 1946 com nome de Malcolm Little e o número 22843, e da qual saiu em 1952, com o nome de Malcolm X, convertido ao nacionalismo negro e ao islamismo, após cumprir sete anos de pena – parte na cadeia de Middlesex, parte no presídio de Charlestown, parte no Reformatório de Massachusets, em Concord, e parte no presídio de Norfolk.

– Se é assim, então vamos dançar, meninos.

Vamos nessa, que não se deve abusar da sorte, Sophia.

– Agora falou com sabedoria, Rede. Vamos torrar um pouco dessas preciosas verdinhas.

Agora quem falou tudo foi você, Sonny. Vamos dançar, beber e nos divertir, pois mesquinharia atrai azar. Que diz, Shorty?

– Vamos nessa, meu velho. Vamos nessa, meninas, sacudir os esqueletos até o sol raiar!

– O que fazemos com o que não conseguimos vender, Red?

Sophia, Joyce e Kora, vocês são boas meninas, então, o que não venderem ou não quiserem descartar, é de vocês. Mas esse relógio aqui fica comigo.

– Mas está quebrado, Red!

É de primeira. Depois do conserto, valerá uma pequena fortuna.

– Então, tá!

* * *

– Por que o senhor ficou desconfiado?

– Porque é muito estranho um negro usar um relógio caro desses, comissário. Um outro rapaz negro já tinha vindo aqui para me vender relógio de marca. Verifiquei com uns colegas relojoeiros, afinal a marca é fina, todo mundo conhece, e...
– Era roubado...
– Sim.
– Roubaram em Boston e vieram vender aqui em Nova Iorque...
– Isso é tão manjado, não sei como caíram numa dessas.
– Só podem ser uns pés-de-chinelos, uns principiantes metidos a ladrões. Fez bem em nos acionar. Vamos ficar por aqui, quando ele vier retirar o relógio, é só fazer um gesto com a cabeça, que pegamos o marginal.
– Não vai nem precisar, olha ele entrando aí.

Os únicos que mudaram a história foram aqueles que aprenderam a transformar a si mesmos

9

John Elton Bembery, você é o guru desta mixórdia chamada Charlestown State Prision, meu velho. Não sei o que seria de nós sem você. Afinal, alguém tem que pôr ordem nas ideias dos prisioneiros, caso contrário, ficamos doidos.

– Ter mais de quarenta anos tem de servir para alguma coisa, não? Malcolm, para não enlouquecer aqui dentro, é preciso disciplina, força de vontade, determinação. A primeira coisa de que você precisa se livrar é desse apelido de Satã, que lhe deram. Essa fama não vai ajudá-lo em nada.

Os caras me apelidaram por gozação. Quando entrei aqui, fiquei com tanta raiva que não parava de gritar dia e noite em minha jaula como um possuído. Se eu não gritasse, aí é que enlouquecia.

10 Charlestown State Prision

Onde Malcolm cumpriu parte de seus sete anos de prisão. Aqui estiveram presos Sacco e Vanzetti, militantes anarquistas condenados a morte injustamente em 23 de agosto de 1927. Protestos ocorreram na Europa e nos EUA contra a condenação, considerada uma das maiores infâmias do judiciário norte-americano. Foto: Charlestown Historical Society.

> Os únicos que mudaram a história foram aqueles que aprenderam a transformar a si mesmos

11 — John Elton Bembery

Na *Autobiografia de Malcolm X* chamado de "Bimbi", foi uma referência importante para Malcolm. Autodidata, crítico e reflexivo, John devorava livros e tinha um conhecimento amplo sobre vários ramos da cultura. Sedento pelo saber, essa espécie de guru do jovem prisioneiro, com sua disciplina quase espartana e seu interesse pelo amigo quase vinte anos mais jovem, inspirou Malcolm e outros prisioneiros a se instruírem para superar seus traumas e dramas éticos e morais. O próprio Malcolm reconhece com carinho em sua *Autobiografia* o papel desse amigo de tempos difíceis em sua transformação. Em Charlestown cursou em regime de extensão universitária além de inglês, latim e alemão básicos, linguística e etimologia. Suas habilidades de oratória também foram desenvolvidas a partir das "dicas" dadas por Bembery.

— Mas agora que se ajustou à situação, precisa controlar a si mesmo. Muitas vezes nossos maiores inimigos não são os brancos racistas, mas nossos demônios interiores, que devemos controlar a todo custo.

Belo ateu é você, falando dos demônios que habitam o coração dos seres humanos...

— São palavras, Malcolm, palavras. São elas que inventam todos os deuses e todos os demônios. São elas também que os convocam, sempre que as usamos, propositalmente ou inadvertidamente.

As palavras não são nada sem a ação, John. Nada.

— Mais ou menos, rapaz. Quem pôs você aqui dentro?

Ora, minhas más ações, meus erros para comigo, minha família e meus amigos.

— Isso é um belo drama de consciência, Malcolm, mas o que pôs você aqui não foram seus atos, foi o libelo de acusação da promotoria e a sentença do juiz. Foram palavras, que na boca do poder judiciário, tem mais valor do que você pode imaginar.

Nunca tinha pensado por esse lado, John...

– Pois comece a pensar, Malcolm. Vá por mim, que tenho o dobro da sua idade. Você pode usar as palavras para se arruinar, mas pode usá-las para se transformar, para transformar tudo a seu redor, para transformar o mundo...

Mas por onde se começa, John? Por onde?

– Quero fazer um desafio a você, Malcolm. Um desafio muito sério...

Se não disser, não saberei nunca que desafio é esse, e se sou capaz de encará-lo. Vamos, desembucha!

– É o maior desafio que todo ser humano minimamente consciente precisa enfrentar um dia, Malcolm.

Está me pondo medo, velho John, rs rs rs.

– Pode se divertir, Malcolm, mas se não encarar esses monstros interiores e vencê-los, dificilmente sairá daqui para melhor. Esses monstros são você mesmo. Ver os erros do mundo e das outras pessoas é fácil, estão fora da gente, é só bater os olhos e sacramentar: Errado! Errado! Errado! Mas quando precisamos olhar para nossos próprios atos, nossos próprios defeitos, então os monstros ganham dimensões de pesadelo. Sequer conseguimos vê-los, quanto mais acusá--los e ousar derrotá-los.

Não vou discordar de você, John, mas parece que tudo nos empurra para o crime. Sinto uma força enorme dentro de mim, sempre senti. Fui um dos melhores alunos da escola e sabe o que o professor que eu admirava me aconselhou, quando lhe disse que queria ser advogado? "Vá ser carpinteiro, vá lavar banheiros".

– É duro ouvir uma coisa dessas quando se sonha algo tão alto... Mas não vá por os assaltos que fez na conta desse

> Os únicos que mudaram a história foram aqueles que aprenderam a transformar a si mesmos

---

12 | **Entrada da Colônia Penal de Norfolk**

Foto: **USGenWeb Archives**

Manning Marable em sua biografia *Malcolm X – Uma vida de reinvenções*, assim descreve a Colônia Penal de Norfolk: "Estabelecido em 1927 como modelo de reforma correcional, o presídio ficava a 37 quilômetros de Boston, perto de Walpole, numa propriedade de catorze hectares, de formato oval, que mais parecia um campus universitário do que uma prisão tradicional. (....) Os presos viviam em conjuntos de 24 casas, divididas em cômodos individuais e coletivos, todos dotados de janelas e portas". (São Paulo, Cia das Letras, 2013, p. 91-92).

---

professor. Ele se portou de maneira racista, mas você poderia ter se unido às marchas de protesto do Harlem, que exigiam que fossem contratados negros nas lojas que vendiam artigos para negros. Mas parece que você tomou outro rumo, preferindo assaltá-las...

Mas uma parte dos crimes que cometi é culpa dele, sim, e de todos os outros que fecham as portas para os negros, para os pobres, para os injustiçados.

– Você argumenta bem, Malcolm. Então, vou concordar em parte com você. Eles têm parte da culpa. Mas qual parte? E que parte é culpa sua e de nós negros, também, pois, vamos falar a verdade, a escravidão seria impossível se parte dos negros não colaborassem com ela. Que parte de seus erros cabe a você? Que parte dos meus erros cabe a mim?

Sim, sim, sim, John, meu velho, mas por onde começo? Às vezes me sinto completamente perdido. É como se eu sufocasse, como se precisasse desesperadamente de uma janela para respirar.

– Seja seu próprio mestre, Malcolm. Use a imensa inteligência e a habilidade com as palavras que você demonstra aqui e agora para superar sua situação e, quem sabe, liderar outros a que façam o mesmo. Você pode, e se pode, deve!

John, você está me destruindo! Por onde começo, meu velho, por onde? Só vejo as paredes da cadeia a me sufocarem, só vejo negros entrando aqui para completar sua *via crucis* de sofrimento!

– Comece pelo simples, leia. Faça cursos por correspondência, melhore seu inglês, seu poder de argumentação, sua caligrafia, que é horrível. Você dispõe de um tempo de ouro aqui para aprender, não desperdice esse tempo, vá à luta, irmão. Leia, rabisque, redija, preste exames, use toda sua inteligência e linguagem para cair fora daqui e nunca mais voltar! Você fica de boca aberta quando falo nas reuniões e até os guardas param para me ouvir. Ora, você não vai mais longe do que eu fui até hoje se não quiser, tem metade da minha idade! Mexa-se Malcolm! Enterre de uma vez por todas o Detroit Red e veja o que nasce daí! Se se esforçar, consegue transferência para Norfolk, onde as condições são das melhores para você se aperfeiçoar e se preparar para sair da cadeia com a cabeça erguida, pronto para liderar uma luta de quatrocentos anos contra a escravidão!

É bem por aí, John, meu velho, é bem por aí. Detroit Red morreu! Agora que você me deu uma luz, Norfolk será minha porta de saída deste inferno e minha porta de entrada na luta de meu pai e de minha mãe!

– Assim é que se fala, rapaz!

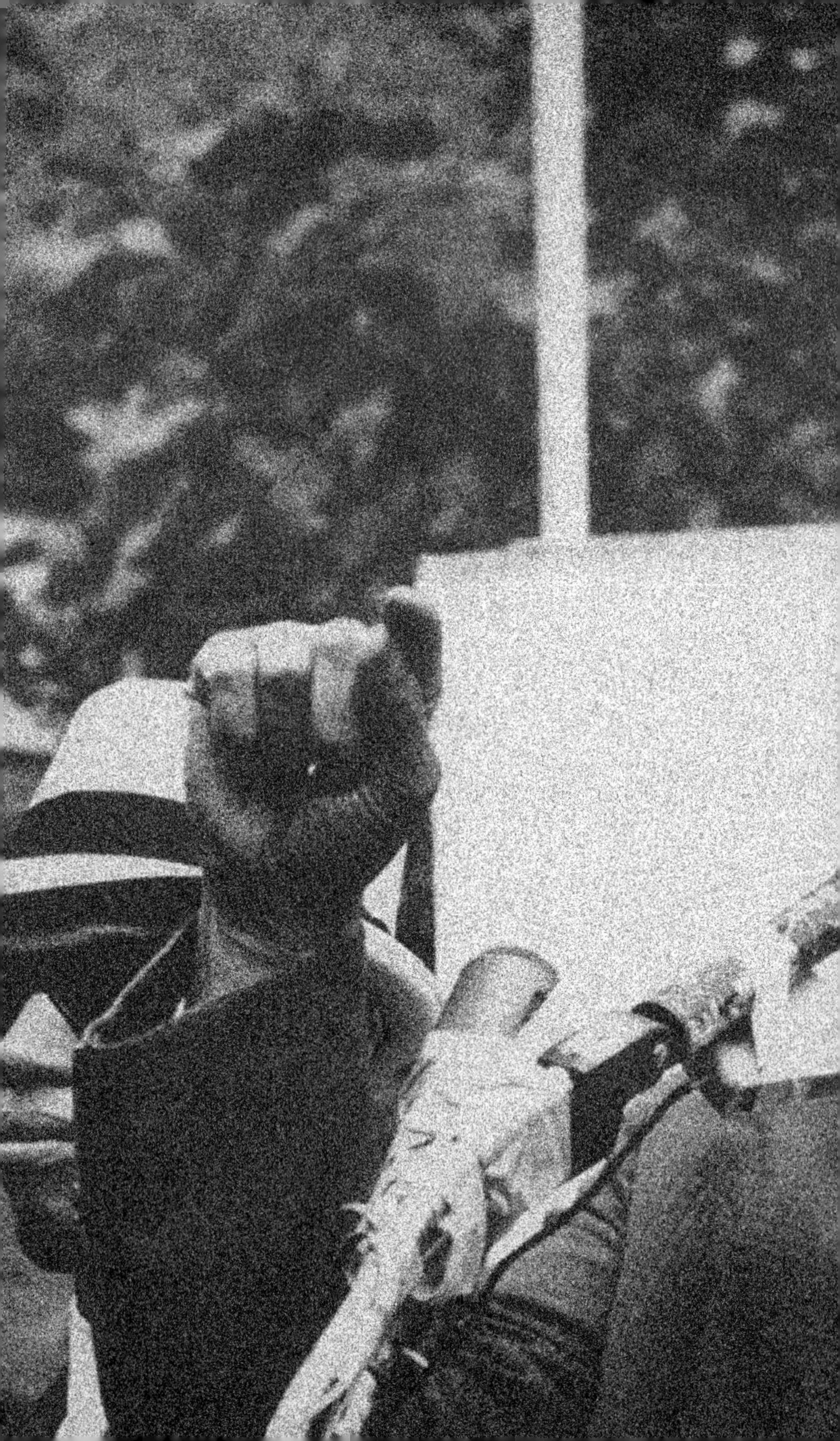

A paz esteja convosco

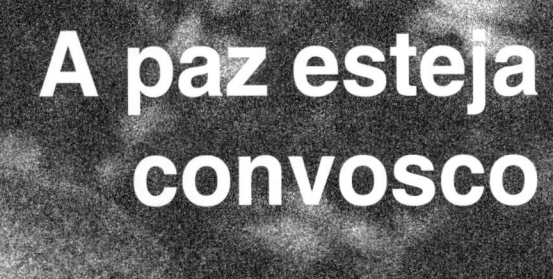

10

Lory, eu falhei com você. Onde anda você, Lory, meu velho? Terá imigrado? Onde andam meus irmãos, Laura – que eu vi pela última vez completamente destruída pela cocaína e pelas doenças que ela adquiriu fazendo sexo para pagar suas contas? Onde anda você, John, que eu decepcionei contrabandeando drogas para o interior do presídio de Charlestown por meio dos guardas ávidos de dólares que eu subornei?

Culpa e vergonha, enfim, vocês chegaram à minha cela, e se confiarem em mim, eu juro que desta vez saio desse emparedamento em que me meti. Poxa vida, quanto tempo perdido, quanto sonho desperdiçado, quanta decepção eu andei espalhando na minha seara de erros.

13 Elijah Muhammad em 1961 com Malcolm X, o principal ministro da Nação do Islã.

Foto: *Face 2 Face Africa*.

Na colônia penal de Norfolk, por influência dos irmãos, todos convertidos ao islamismo, Malcolm Little adere à Nação do Islã, chefiada por Elijah Muhammad, que se autopromovia como enviado direto de Alá. Malcolm, então, substitui o sobrenome "Little" pela letra "X" (prática adotada pela seita), para denunciar que a identidade ancestral foi deletada pelos brancos, quando os africanos foram sequestrados de sua terra para serem convertidos em escravos. Em função da fé islâmica, que tem ligação direta com a defesa dos negros, entrará em conflito com a direção do presídio de Norfolk e será devolvido a Charlestown. É nessa prisão, nessa ocasião, que assina pela primeira vez "Malcolm X" – é o ano de 1950 e ele tem 25 anos de idade. Mais tarde, após romper com a Nação do Islã, decepcionado com a corrupção de Elijah Muhammad, Malcolm adotará em definitivo o nome islâmico El-Hajj Malik Shabazz.

Quando ingressei no sistema prisional, tinha pouco mais de vinte anos. Ter conseguido chegar a Norfolk foi um milagre. Mas, perto de sair, estou mais próximo dos trinta do que dos vinte. Quando foi que comecei a trair aquele Malcolm Little sonhador que confrontou seu professor ao desejar o alto sonho de ser advogado?

Bola para frente, senhor Malcolm X. O balanço da vida até aqui está feito e, tão logo você atravesse aquele portão que abre para a rua do mundo, um novo Malcolm muito mais perigoso do que o desnorteado Detroit Red vai entrar em cena, com seu terno clássico, sua gravata de nó simétrico e suas calças de vincos feitos a ferro quente – um Malcolm ombro a ombro com os que lutam pela justiça social e pelo respeito aos negros que constroem este lindo país, mas que não têm onde morar, que labutam nas roças desta grande América, mas que passam fome nos becos imundos das nossas belas cidades industriais.

Eu sei que esse novo Malcolm vai ser perseguido mais do que o pior criminoso, vai ser combatido mais do que qualquer chefe de gangue, vai ser enxovalhado na imprensa como se fosse o pior corrupto, o mais perigoso radical... mas, que fazer? Os homens de minha família frequentemente não envelhecem para ter uma morte natural e suave. Antes ser odiado por estar ao lado dos injustiçados do que ser adulado por quem oprime e ser amado por quem deposita no rosto de cada negro deste país seu beijo de Judas.

Lory, John, se eu soubesse onde estão, tão logo passasse por aquele portão, ia até vocês, pediria que me desculpassem e agradeceria pelos avisos e dicas que me deram – que não frutificaram instantaneamente, mas que foram decisivos para minha conversão. Confesso que, enquanto meu pai e minha mãe contestaram as injustiças contra os negros empenhando suas vidas nos movimentos de luta contra o racismo, eu achei que assaltar casas de brancos, bater-lhes a carteira, socá-los em idiotas brigas de rua eram o melhor caminho. Desprezar a luta deles, a história deles, o sacrifício deles e de sua geração não deixa de ser uma forma de traição.

Felizmente, diferente de outros amigos de minha geração, fiquei vivo para tirar lições. Lory, John, talvez eu não os veja pessoalmente nunca mais, se é que ainda estão vivos, mas minha forma de voltar a honrar a luta de meus pais – e de todos os que ao longo dos séculos se opuseram à escravidão, com o preço de sua própria felicidade, e às vezes de suas próprias vidas – é me oferecer como elo entre a geração deles, a minha e as futuras.

O tempo que perdi não foi em vão, Lory, John. Foi de aprendizado, duro aprendizado. Vocês vão se orgulhar, meus velhos, deste negro desajeitado de carapinha vermelha que, ao deixar para trás o alisante de cabelos, abriu a sua frente uma estrada pela qual muitos hão de passar...

– Que é que está pegando aí, senhor Malcolm X? Ficou doido? Deu agora para falar sozinho?

Nada, estava apenas treinando um pouco de oratória em voz alta, Shorty...

– Ah, bom! Então enquanto eu estudo música para não pirar, você treina seus sermões.... Estávamos ficando preocupados. Converter-nos ao Islã e depois enlouquecer ia nos deixar numa situação constrangedora. Sabe que endoidecer na cadeia, mesmo sendo ela um paraíso de colônia penal,

> **14** **Saalam Aleikum/ Alaikum As-Salaam**
>
> (A paz de Deus esteja convosco/ Convosco também). Cumprimento em língua árabe usado pelos muçulmanos. Corresponderia ao "Deus te abençoe" e respectiva resposta, empregado pelos adeptos de religiões cristãs. Malcolm Shorty Jarvis ficou preso em Norfolk com Malcolm X e foi convertido ao islamismo por ele. A Nação do Islã, após o declínio da liderança da UNIA, de Marcus Garvey, que acabou deportado para a Jamaica em 1927, tornou-se um dos principais polos da luta pelos direitos dos negros nos EUA. Assim, a religião muçulmana, na versão da seita de Elijah Muhammad, tornou-se um forte movimento político resistência. Como a UNIA de Marus Garvey, essa seita pregava a separação de brancos e negros como forma de livrar os segundos da opressão dos primeiros. Suas cerimônias, cultos e assembleias assumiam franco caráter de comício político.

é a coisa mais comum do mundo, não sabe?

Sei, mas minha época de quase ficar doido foi no começo. Não é o meu caso agora, fiquem tranquilos. Minha loucura morreu com Detroit Red e Satã. Além do mais, seria muito azar, depois desses longos anos, já próximo de sair, perder o juízo não acha? Quem sabe ainda não aceitam meu pedido de condicional?

– Acho azar e desperdício ficar louco agora, e acho difícil que lhe deem a condicional. Você não dá moleza para as "autoridades". Tudo bem, conseguimos celas viradas para Meca para rezar, mas os jornais meio que ridicularizaram a direção do presídio por isso. Você fez grandes progressos aqui, senhor ministro do Islã Malcolm X.

Não sou ministro.

– "Nada será, se já não for em embrião", não é o que diz?

Bem, ao menos não sou ministro ainda.

– Espero, quando cair fora deste seleto espaço de convívio forçado, ouvir seus sermões.

Estaremos juntos, com certeza, se o que busca em meus sermões é a justiça. Eu procuro pregar a justiça. Os guardas me acusam de pregar o ódio contra os brancos, mas não é uma ironia? Os brancos lincham-nos na Geórgia, no Mississipi, em Massachusetts, em todo lugar que podem. Quando eu descrevo as atrocidades em minhas cartas que vazam para fora do presídio, e em minhas pregações aqui dentro, eu é que sou o racista. E não sou racista! Se eu tenho um café muito forte, eu acrescento chantilly para quebrar o amargor. O café é preto, e o creme é branco. Mas não há chantilly que adoce quatrocentos anos de trabalho escravo. A religião é meu veículo e o islamismo, a essa altura do grau de injustiças contra os negros neste país, é um campo de acúmulo de energias, de fé e resistência.

— Você abriu uma brecha para nós aqui na cadeia, futuro ministro Malcolm X, e tem a obrigação de aumentá-la lá fora.

Deixem comigo, irmão. Dentro da cadeia ou lá fora, enquanto eu for vivo, a luta pela nossa dignidade será minha principal religião. A vida me deu um bônus. Não vou desperdiçá-lo comigo mesmo, de forma egoísta. Saalam Aleikum, Shorty!

— Alaikum As-Salaam, ministro Malcolm X!

Avisem todos no Harlem: aquele que eu era voltou

11

Meus pais participavam do movimento liderado por Marcus Garvey, e por isso pagamos caro. Indo de um lugar a outro para fugir da perseguição racista, meu pai e minha mãe iam pregando seu credo de dignidade para os negros e arrastando atrás de si a família cada vez maior.

Acabaram se instalando, num bairro bem situado de uma pequena cidade de Nebraska: Omaha. O fato de eles terem empenhado suas economias honestas na compra da casa não os livrou da perseguição da versão local da Ku Klux Klan.

Numa oportunidade em que meu pai viajou para participar de reuniões e pregações da UNIA, homens a cavalo, encapuzados e com tochas incendiárias aterrorizaram nossa família.

Se meu pai estivesse em casa, certamente o teriam espancado e queimado até a morte. Como não estava, depredaram as janelas e ameaçaram minha mãe – eu estava na barriga dela. Ela os enfrentou com a coragem de uma pantera negra que defende seus filhotes, mas eles deixaram o recado: se não fôssemos embora dali, íamos sofrer as consequências.

> **15**
>
> **Earl Little**, pai de Malcolm X, nasceu na Georgia, mas, ao separar-se da primeira esposa, em 1917, tomou parte da grande migração de negros para o norte, por causa da violência racial. Engajado no movimento garveyista de resistência ao racismo, conheceu Louise Norton, também militante, em Montreal, no Canadá. Para disseminar o movimento, retornaram aos EUA. A **Grande Depressão**, desencadeada pelo *crash* da Bolsa de Valores de Nova Iorque de 1929, teve consequências catastróficas para os EUA e para o mundo todo. Nos anos seguintes, o desemprego, a miséria e a criminalidade atingiram níveis até então desconhecidos. Em 1933 é eleito presidente dos EUA Franklin Delano Roosevelt. Com um programa de reformas econômicas e sociais, chamado New Deal, ele consegue contornar a crise. Porém os estragos dela percorrerão as décadas de 1930 e 1940. Historiadores relacionam diretamente as consequências dessa crise com a II Guerra Mundial.

Fomos para Milwaukee, no estado de Wisconsin. Ali os negros, estimulados pela fé capitalista de Garvey, eram donos de restaurantes, escritórios, bares, hotéis e até funerárias. Mas a peregrinação pela causa negra não deixava meus pais muito tempo quietos. Logo a família estava no estado de Indiana, que se revelou um dos principais covis da Ku Klux Klan, que nas décadas de 1920 e 1930 parecia brotar do chão como cogumelos em madeira podre depois da chuva. Tivemos que nos arrancar de lá antes que algo pior nos acontecesse.

Assim é que fomos parar em Lansing, no estado de Michigan. Que ingênuos eram o senhor Earl e a senhora Louise Little. Nem desconfiaram, ao comprarem a casa, do fato de praticamente não haver negros na região.

Vocês se divertem com a inocência deles, mas quando eu cruzar aqueles portões, a verdade é que muitas coisas que parecem hoje ingenuidade ainda estarão na ordem do dia, sendo uma delas, sem dúvida, o direito de todos a uma vida digna. É ingenunidade pensar assim?

Mas saibam que até o fim dos dias, enquanto houver injustiça, haverá "ingênuos" em quantidade lutando contra ela.

Vejam se conseguem continuar a rir depois de eu arrematar esta pequena passagem da vida sofrida da família Little. Meu pai não foi avisado que a propriedade, como todas da região, tinham uma "linda" cláusula de "exclusão racial". Noutras palavras, queriam nosso dinheiro, mas não nos queriam por perto, pela simples razão de termos um pouco mais de melanina na pele.

Nossos belos vizinhos entraram com processo contra nós, e o juiz local prontamente mandou nos despejarem. Onde está o riso de vocês agora? Mas vou fazer o humor de vocês azedar de vez. Não satisfeitos com a ordem de despejo contra uma familia digna e em dia com seus pagamentos, pelo simples fato de sermos negros, atearam fogo a nossa casa.

Cadê o riso, minha gente? Olho para seus rostos negros agora e vejo que muito bem poderiam se chamar Earl Little. Eu vou sair da prisão em breve, e já sei mais ou menos o que fazer para não voltar para cá por motivos fúteis. Mas vocês sabem?

> **16**
> Em 1950, Malcolm teve sua petição de absolvição negada. Porém, em 1952 (4 de junho), seu pedido de liberdade condicional foi aceito. Uma rebelião de presos quase atrapalha sua soltura, mas em 7 de agosto desse ano ele atravessa os portões de Charlestown sem olhar para trás.

17

Louise Landon Norton teve uma boa educação e, fluente em francês, aos dezenove anos imigrou para o Canadá, em busca de uma vida melhor. De pele branca e feições europeias, nasceu de um estupro cometido contra sua mãe, uma jovem negra. Desse ancestral que entrou na família por meio de um crime sexual, Malcolm X herdou a coloração arruivada dos cabelos e da barba, e a pele de tom mais claro.

Se acham que a tortura de meus pais terminou aí, se enganam. Depois de fugirmos às pressas para o frio da noite, vendo nossa casa arder como uma imensa fogueira na noite gelada, meu pai foi acusado de ele mesmo ter posto fogo na casa! Sim, quase morremos queimados e sofremos ainda um processo por "incêndio criminoso" contra nossa própria casa!

Mas os Little não desistiram – assim como vocês não desistirão de lutar por seus direitos, se tiverem um pingo de coragem no sangue. Earl e Louise foram para a periferia sul de Lansing, uma região quase rural. Meu pai, mestre carpinteiro de mão cheia, meteu a mão na massa e ergueu a casa onde passei minha infância. Ali, com dignidade, criamos bichos e plantas no quintal, caçamos coelhos no mato e nos mantivemos unidos, até que a mão traiçoeira do racismo terminou seu trabalho sujo com nossa família.

A Grande Depressão não ajudou em nada nossa vida. Um pai de família perde o juízo quando pensa, ao voltar para casa, que não terá muitas opções para pôr comida no prato de seus filhos. Meu pai era um cara ativo, firme em suas pregações pelos direitos dos negros, mas nem sempre agia em casa com o dissernimento compatível com suas pregações. Brigava muito com minha mãe, e os escândalos foram ficando mais frequentes à medida que a situação financeira apertava.

Para coroar nossa situação, depois de uma dessas brigas, meu pai saiu pelo quintal irritado, talvez para esfriar a cabeça. À noite, recebemos a notícia em casa: ele tinha sido "atropelado" por um bonde.

Na verdade, ele tinha sido espancado até a morte por racistas suficientemente covardes para se esconderem no anonimato e para jogarem seu corpo desfalecido sobre os trilhos do bonde, que acabou de fazer o serviço sujo. Praticamente partido ao meio, o velho Earl viveu mais algumas horas sob as dores mais tormentosas a que um ser humano pode ser submetido.

Se conto isso a vocês agora, não é para que tenham pena da família Little, mas para que avaliem o quanto um ser humano precisa desenvolver seu autocontrole e sua estrutura emocional para atravessar esse verdadeiro calvário sem enlouquecer ou resvalar para o crime.

A primeira alternativa nunca me ocorreu, mas pegou em cheio minha mãe. Já a segunda, sabem: me mandou para cá.

Morto meu pai, não demorou muito para minha mãe desmoronar, principalmente porque eram muitas as bocas a alimentar, as roupas a lavar; mas também porque, depois, não muito, ao se relacionar novamente com outro homem, este a abandonou tão logo soube que ela estava grávida. Que adjetivo vocês dariam a um homem que age assim? Deixo a vocês a oportunidade de refletir sobre esse particular.

Para uma mulher engajada na luta por justiça social e contra racismo, desde muito jovem, esse foi um ultraje difícil de assimilar. Ela caiu em uma depressão profunda da qual nunca mais saiu. Internada em um manicômio cujas condições vocês podem imaginar, o serviço social decidiu destinar cada um de nós à adoção, salvo meu irmão e minha irmã mais velhos, que, pela idade, ficaram à própria sorte, na casa em Lansing.

– Não sentimos pena, futuro ministro Malcolm X, pois o que está falando é a história de cada um aqui neste presídio. É uma história, mesmo, fácil de contar: nos tiram tudo, família, emprego, escola, dignidade; depois, nos empurram para o crime, em que somos os operários, a base da pirâmide; sim, pois o topo dessa pirâmide do mal – que é um grande negócio que move bilhões pelo mundo todo – todos sabem, tem vasos comunicantes com altos executivos de empresas acima de qualquer suspeita, políticos, juízes, bancos poderosíssimos e blá-blá-blá.

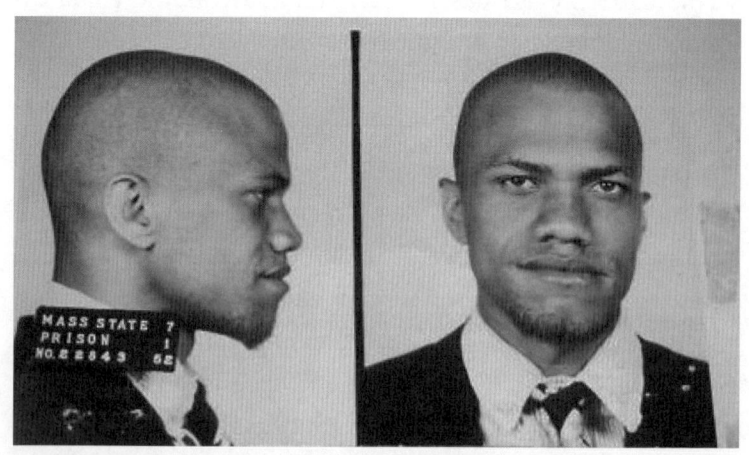

Malcolm X, aos 27 anos, quando de sua soltura, em 1952. Foto: Prisão de Charlestown.

– Aí o parceiro que me antecedeu falou uma verdade. Ministro Malcolm X, você já está com um pé fora da cadeia, mas quem garante que não vão te mandar de volta para cá por alguma outra razão?
– Não é por aí...
– Tá faltando com o respeito com o irmão X...
– Por que não se cala? Se não tem nada de proveitoso para falar, feche o bico!
Okay, okay, rapazes! Deixem que ele termine o raciocínio. Estou aqui argumentando, mas não sou o dono da verdade. Vamos debater. Já que ele tomou a palavra, vamos debater os argumentos dele! Que mal há nisso?
– Obrigado, ministro. Você foi usado, como nós, para fazer as engrenagens do capitalismo funcionar azeitada – sim, pois o capitalismo não funciona sem o crime. Quando se cansaram de você, o mandaram para cá. Há uma engrenagem perfeita que vai do vendedor de maconha e cocaína da esquina aos três poderes.
– Não é por aí, está falando abobrinha. Mandem esse cara se calar!
Não o interrompam, deixem-no falar!
– O dia em que o crime acabar, um dos pilares do nosso belo capitalismo vai para o beleléu no dia seguinte: o poder judiciário, amparado por todo um exército de policiais, investigadores, forças repressivas e de segurança, burocratas, carcereiros etc. etc. etc. Isso sem falar nas empreiteiras, que constroem presídios mais caros do que hospitais. Que serão das cortes judiciais sem os operários do crime? Então, o que digo não é que devamos continuar no mundo do crime, mas que, enquanto estamos sendo tirados

> **18**
> Durante sua permanência na prisão, Malcolm X procurou compartilhar seus estudos com os colegas e mesmo com guardas. Suas habilidades linguísticas foram reconhecidas por todos com os quais conviveu. Para treiná-las, com frequência ele estimulava debates, em que, quanto mais desafiadora fosse a argumentação de seu interlocutor, mais ele se preparava para a contra-argumentação. Para isso, ele pesquisava exaustivamente o assunto e retornava a ele na primeira oportunidade que surgisse. Com o passar do tempo, sua mente já articulava com extrema rapidez os argumentos e contra-argumentos, de maneira que se tornava difícil para seus interlocutores derrotarem-no em um debate.

do circuito do crime por um sistema que não vive sem ele, um exército de meninos e meninas está sendo empurrado para o crime em nosso lugar, com o único objetivo de justificar os privilégios de quem comanda o Judiciário, o Legislativo, mesmo o Executivo e o poder econômico... Pronto, falei.

– Não tem nada a ver o que esse aí falou...

Faz muito sentido, sim, embora não deixe de ser uma espécie de caricatura – e a caricatura é sempre uma deformação da realidade. O que ele acaba de dizer é que o sistema está podre, que esse sistema é injusto e desumano. Com isso concordo. Mas não devemos tirar daí a conclusão de que a realidade e o próprio sistema não podem ser mudados. Se acreditássemos numa visão assim pessimista do mundo, não teríamos como explicar a derrota da escravidão em nosso próprio país. Porém, o que não podem tirar de nós, embora a situação do negro na América seja vergonhosa, é que derrotamos a escravidão, e estamos agora lutando para dar outro passo mais arrojado. E quem removeu a escravidão, com todos os custos que conhecemos e outros que nem imaginamos, tem garra, força moral, inteligência, energia suficiente para ir muito mais longe.

– E fé!

Isso, fé também, que outros chamam de "esperança" – pois sem ela caímos num pessimismo sem fundo.

– Esse é velho Red que eu conheci!

Em muitos aspectos, sim, Shorty – embora, quando menino, pensasse e agisse como menino, enquanto agora, que sou homem, penso e atuo como homem. Mas se é àquele sonhador de antes de se estragar que se refere, quanto a isso, fique certo: sim, ele voltou. Porém, se os livros em que me afundei até ganhar esse astigmatismo me ajudaram a resgatar o melhor de mim, saibam que vocês me ajudaram talvez na mesma medida.

– Nós, Malcolm? Mas quem somos nós? Uns largados na vida...

Não, não são! Por mais que tentem destruir a humanidade de vocês. Fiquem sabendo que muitas vezes vocês me deixaram em verdadeiros impasses com suas argumentações. Não foram poucas as vezes em que, depois de discutirmos, como agora, passei noites a fio lendo no escuro com o auxílio apenas do reflexo da luz do corredor que vazava para o interior de minha cela, em busca de respostas para questionamentos agudos e angustiantes que vocês fizeram. Às vezes, depois de estudar muito – nem imaginam o quanto –, vi minhas certezas irem para o ralo por causa de uma simples pergunta sincera e afiada como uma navalha feita por um preso analfabeto. Não imaginam quantas vezes fui posto em xeque-mate por tentar achar nos livros de nossa mirrada biblioteca as respostas para um inocente "Por quê?"

lançado na minha cara durante nossos debates...

– E achou respostas para as nossas perguntas, irmão Malcolm X?

Nem que eu vivesse mais dez vidas eu conseguiria respostas para todas! Porém, fiquem sabendo, enquanto meu coração bater, eu estarei em busca dessas respostas. E se não puder compartilhá-las por não as ter encontrado, compartilharei minha luta no caminho dessa busca, e me somarei a vocês nas perguntas que precisam ser feitas.

Passeio pelo Malcolm X Boulevard

Placa de sinalização do Boulevard Malcolm X, no Harlem. Foto: RTV-SLO.

12

— É verdade que seu avô conheceu Malcolm X? Verdade, verdade, mesmo?

Elói, Você conheceu o velho Lory, não é? Então deve decidir por contra própria se acredita ou não nas coisas que ele disse. Agora, se não teve coragem de perguntar isso a ele quando vivo, então fica um pouco sobre a falta de respeito perguntar à neta dele, não acha?

— Não precisa ficar irritada. Foi só uma pergunta. É que é tão incrível passear pelo Boulevard Malcolm X, no coração do Harlem, conversando com a neta de um dos melhores amigos de juventude dele... Parece uma lenda!

O Malcolm X é uma lenda. Quando meu avô imigrou para o Brasil, deixou atrás de si uma porção de coisas, mas não sua história. Mudando de assunto...

Rosa Parks em 1955. Ao fundo, Martin Luther King. Foto: U.S. Information Agency.

Rosa Louise McCauley, ou simplesmente **Rosa Parks**, é a costureira negra norte-americana símbolo do movimento pelos direitos civis dos negros nos EUA. Em 1º de dezembro de 1955, recusou-se a ceder o seu lugar no ônibus a um homem branco, o que desencadeou o boicote de Montgomery, marco da luta antirracista nos EUA. **Martin Luther King** (foto) foi o líder do movimento pelos direitos civis nos EUA. Ele (assassinado em 1968) e Malcolm X (assassinado em 1965), são os principais ícones da luta dos negros nos EUA por seus direitos.

— Sim, sobre aquele assunto...

Pensei um bocado. Não vá se ofender, porém, é muito cedo para casar. Quando meu pai me deu de presente de quinze anos uma viagem aos Estados Unidos para eu conhecer o Harlem do meu avô, senti que precisava saber mais da história dele e de minha família. Agora, três anos depois, o intercâmbio cultural me pôs aqui novamente. Não posso perder a chance de avançar nos estudos, né? Casar, a essa altura do campeonato, vai atrapalhar meus sonhos e os seus também.

— Poxa, Rosa, não sabia como dizer isso, mas você acaba de tirar um peso da minha consciência. Depois de termos aquela conversa no hotel, me arrependi. Não que eu não esteja totalmente caído por você... É que pensei exatamente o que você pensou.

Que é cedo para casar?

— Isso. A gente não precisa se casar agora para continuar se gostando e, sempre que der, viajar juntos. Tem uma vida a nossa frente, né? Ufa, foi um acesso de insegurança que me fez dizer aquelas coisas. Bem, não todas: salvo o casamento, o restante é tudo verdade. Por que, mesmo, seus pais lhes deram o nome de Rosa?

Por causa de Rosa Parks. Desde meu avô, há uma tradição na família de dar nomes de líderes importantes aos filhos e filhas.

– Por isso seu pai se chama Martin? De Martin Luther King?

Exatamente. O meu tio mais velho se chama Malcolm por razões óbvias, e minha irmã mais nova se chama Dandara em homenagem à primeira esposa de Zumbi dos Palmares.

– Quando seu avô imigrou para o Brasil, ele encontrou muitas dificuldades?

O vô Lory era muito inteligente, além de convesador. Ele veio depois da guerra, quando o prestígio dos Estados Unidos por aqui estava no auge. Como conhecia muita gente do mundo do jazz, trouxe uma verdadeira geração dourada de músicos para se apresentar principalmente no Rio de Janeiro e em São Paulo.

– Então a música negra norte-americana está na sua família faz tempo.

A música negra norte-americana nasceu dentro da minha família, ora! Avô Lory nasceu no Mississipi!

– Rosa, acho que era por isso que eu estava doido para me casar com você. Só de pensar que minha história pessoal ficaria associada às raízes da resistência negra, do blues e do jazz, me dá até arrepios.

Ué, mas precisa disso? A música negra norte-americana se espalhou de New Orleans e Harlem para mundo todo. Sem ela, nem o rock'n roll existiria. Não precisa se casar comigo para se casar com essa tradição.

— Com essa tradição, pouca gente no mundo não está casada! Rosa, as histórias de seu avô Lory são muito convincentes, e você herdou dele esse poder de convencimento. Estamos andando de mãos dadas por estas calçadas do Harlem, falando novamente das memórias dele, mas — não fique irritada —, à vezes me pego cismando... É difícil acreditar nessa história de imigração para o Brasil, de convívio com Malcolm X... Não fique brava, mas... sou um simples Elói da Silva, cujos personagens mais famosos de que já esteve próximo são jogadores de futebol, mesmo assim, à distância da arquibancada de um estádio...

Você quer provas, não é?

— Não precisa, né... Mas se você tivesse alguma... Seria um adianto!

Vamos sentar ali naquele café. Vou lhe mostrar a caderneta de anotações que meu avô me deixou de herança sentimental. Ela está gasta, borrada e com garranchos às vezes quase ilegíveis, mas você decide se acredita nela ou não.

— Que tem nela?

Anotações que ele fez durante décadas, a partir da lembrança de Malcolm X e de recortes de jornais.

Caderneta de anotações do velho Lory

13

Malcolm X em 1963. Na manchete: "Nossa Liberdade não pode esperar".
Foto: The Nation.

Os únicos que mudaram a história foram aqueles que aprenderam a transformar a si mesmos.

• •

Se você não tomar cuidado, os jornais farão você odiar os oprimidos e idolatrar os opressores. Não preciso dizer que os jornais jamais publicaram minhas declarações na íntegra, com toda a exatidão.

A imprensa é tão poderosa no seu papel de construção da imagem que pode fazer um criminoso parecer vítima e a vítima parecer o criminoso.

• •

Ninguém pode lhe dar liberdade. Ninguém pode lhe dar a igualdade ou a justiça, nem nada. Se você é um ser humano, você tem que conquistá-las.

• •

O poder em defesa da liberdade é maior do que o poder em nome da tirania e da opressão.

• •

A liberdade é essencial à vida. A liberdade é essencial para o desenvolvimento do ser humano.

• •

Quando eu falo "nossa", não estou falando de muçulmanos ou cristãos, católicos ou protestantes, batistas ou metodistas, democratas ou republicanos. Por "nossa" liberdade do Harlem me refiro a todos os negros da América e de toda a terra.

• •

Eu sou a favor da verdade, não importa quem a diz. Eu sou a favor da justiça, não importa a quem ela se oponha.

• •

Eu me uno com todos aqueles dispostos a enfrentar a miséria deste mundo.

Martin Luther King e Malcolm X em 26 de março de 1964, no Capitólio, única ocasião em que se encontram pessoalmente. Foto: The Guardian.

Eu não vejo nenhum "sonho americano", eu vejo um pesadelo americano.

• •

Não lutamos por integração ou por separação. Lutamos para ser reconhecidos como seres humanos.

• •

Se você não tem esperança por alguma coisa, você cai por nada.

Em comício no Harlem. Foto: Malcolm-X.Org.

Se você puder seguir através da neve, da tempestade e da chuva, saberá que poderá chegar quando brilhar o sol e tudo estará bem.

• •

Não se pode separar paz de liberdade porque ninguém consegue estar em paz a menos que seja livre.

• •

Eu acredito nos seres humanos, e que todos os seres humanos devem ser respeitados como tal, independentemente da sua cor.

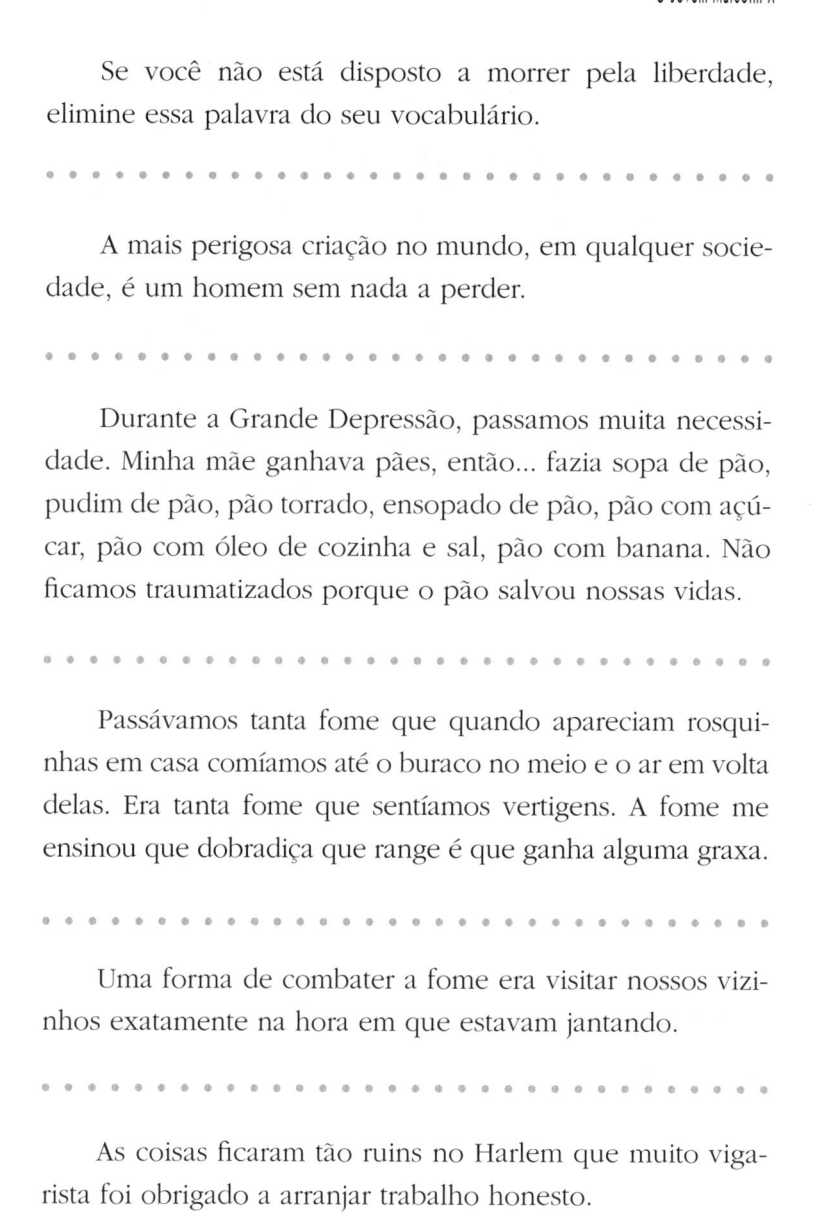

Se você não está disposto a morrer pela liberdade, elimine essa palavra do seu vocabulário.

* * *

A mais perigosa criação no mundo, em qualquer sociedade, é um homem sem nada a perder.

* * *

Durante a Grande Depressão, passamos muita necessidade. Minha mãe ganhava pães, então... fazia sopa de pão, pudim de pão, pão torrado, ensopado de pão, pão com açúcar, pão com óleo de cozinha e sal, pão com banana. Não ficamos traumatizados porque o pão salvou nossas vidas.

* * *

Passávamos tanta fome que quando apareciam rosquinhas em casa comíamos até o buraco no meio e o ar em volta delas. Era tanta fome que sentíamos vertigens. A fome me ensinou que dobradiça que range é que ganha alguma graxa.

* * *

Uma forma de combater a fome era visitar nossos vizinhos exatamente na hora em que estavam jantando.

* * *

As coisas ficaram tão ruins no Harlem que muito vigarista foi obrigado a arranjar trabalho honesto.

Em viagem ao Oriente Médio em 1964.
Foto: Face 2 Face Africa.

Muitos que me ouvem ao vivo, em reuniões ou pela televisão, ou leem-me, pensam que me formei. Estudei só até o oitavo ano. Essa impressão se deve somente aos meus estudos na prisão.

• •

A leitura despertou dentro de mim uma ânsia há muito adormecida de estar mentalmente vivo.

• •

Entre ensinamentos do sr. Muhammad, correspondências, visitas e leitura de livros, os meses foram passando sem que eu percebesse que estava preso. Para ser sincero, até aquele momento eu nunca tinha sido tão livre.

• •

Diziam que não tínhamos história, cultura, ciência. Agora, o homem branco não para de pesquisar e realizar escavações na África. Um elefante de lá não pode andar distraído, senão tropeça e cai em cima de um homem branco com um pá.

• •

Não há nada melhor do que a adversidade. Cada derrota, cada mágoa, cada perda, contém sua própria semente, sua própria lição de como melhorar.

No Egito, em 1964. Foto: Malcolm-X.Org

A educação é nosso passaporte para o futuro, pois o amanhã pertence àqueles que se preparam para recebê-lo.

• •

Sem educação, você não vai a parte alguma deste mundo.

• •

A educação é um elemento importante na luta pelos direitos humanos. É o meio para ajudar os nossos filhos e as pessoas a redescobrirem a sua identidade e, assim, aumentar seu respeito próprio.

• •

Muitas pessoas não compreendem como, por um único livro, toda a vida de um homem pode ser mudada.

• •

O melhor aluno da turma não pode sonhar em se tornar advogado porque é negro.

• •

Tenho pensado muitas vezes nos negros veteranos do jogo ilegal dos números. Se estivessem em outro tipo de sociedade, suas incríveis habilidades em matemática poderiam ter tido outra sorte. Mas eram negros.

• •

Falar aos socialistas me tornou tão comunista quanto falar na igreja Metodista me tornou metodista. Eu estive em Selma, Alabama, discursando numa igreja do sr. Martin Luther King. Isso me torna discípulo do sr. King?

• •

Alguns sofreram lavagem cerebral e foram levados a pensar que a África é um lugar sem cultura, nem história, nem contribuição para com a civilização ou a ciência. Alguns negros se ofendem quando são identificados com sua terra-mãe.

O bar em que Billie Holiday cantava era tão pequeno que nas mesas só cabiam uma garrafa e quatro cotovelos.

• •

Billie veio a nossa mesa. Em sua linguagem chula de sempre, perguntou o que havia de errado comigo. "Nada", respondi-lhe educadamente no mesmo vocabulário. Foi a última vez que a vi. Ela cantava com a alma dos negros, de séculos de sofrimento.

• •

Durante a guerra, uma rebelião negra no Harlem virou saque generalizado. O restaurante de um chinês se livrou porque os amotinados não conseguiram parar de rir diante a placa que ele colocou: "Mim de cor também".

Na Nigéria, 1964.
Foto: Malcolm X Foundation.

Nas ruas, dando todo tipo de golpes, traficando drogas e roubando, eu sonharia com um tijolo de haxixe, mas nunca teria o sonho desvairado de me tornar um líder a falar em anfiteatros lotados de universidades de todos os EUA, a programas de rádio e televisão de alcance nacional, a proferir conferências no Egito, por toda a África e até na Inglaterra.

. . . .

Às vezes, lembrando de tudo isso, não sei como ainda estou vivo. Dizem que Deus protege as crianças e os idiotas.

. . . .

Durante a escravidão havia dois tipos de negros. Um deles era o negro de casa, que chamavam de Pai Tomás. Ele viva colado em seu patrão; se vestia como ele; herdava as roupas de segunda mão dele; comia as sobras que ele deixava sobre a mesa; dormia na casa dele, ainda que em um cômodo de despejo ou porão; quando o patrão ficava doente, ele perguntava "Nós estamos doente, senhor?". E havia outro tipo de negros, o da roça, trabalhador braçal da fazenda, a maioria, explorada de sol a sol. Quando o patrão ficava doente, esse segundo tipo de negro rezava para que ele morresse.

. . . .

Deram-nos o sobrenome Little quando roubaram nossa identidade ao nos sequestrarem para cá como escravos. Neste país o negro é tratado como animal e os animais não têm sobrenome.

Atletas campões olímpicos de 1968, no México, Tommie Smith e John Carlos, fazem saudação dos **Panteras Negras**, que tinham em Malcolm X uma de suas inspirações.

Esse governo falhou com o negro. Esta chamada democracia falhou com o negro.

• •

Nós não podemos pensar em nos unirmos aos outros até que estejamos primeiro unidos entre nós mesmos. Não podemos pensar em aceitar os outros até que tenhamos aceitado primeiro a nós mesmos.

• •

Quando se respeitar a inteligência dos negros neste país, tanto quanto a dos brancos, então se compreenderá porque os negros não devem dar a outra face à opressão, tanto quanto os brancos não dão.

Toda vez que você precisa confiar em seu inimigo para obter um trabalho, você está em apuros.

• •

No passado eu me permiti dirigir palavras ofensivas a todas as pessoas brancas. Essas generalizações resultaram em injúrias. Após minha peregrinação a Meca cheguei à conclusão de que era preciso mudar. Eu não sou racista e não subscrevo o ideário do racismo. Acredito com toda sinceridade que nossa luta é pela liberdade, pela justiça, pela igualdade e pela felicidade para todos os povos.

• •

Você nunca vai compreender os problemas entre brancos e negros em Rochester, ou entre brancos e negros no Mississipi, ou entre brancos e negros na Califórnia, a menos que compreenda o problema básico existente entre brancos e negros não apenas em nível local, mas em nível internacional, em nível global, em todo o mundo. Quando encara o problema nesse contexto amplo, você compreende,

Com Fidel Castro, em 1960. Foto: Cuba Debate.

mas se você tenta fazê-lo apenas em nível local, então não entende nada.

• •

O único modo de conquistar a liberdade para nós mesmos é nos identificar com todos os povos oprimidos do mundo. Nós somos irmãos de sangue do povo do Brasil, da Venezuela, do Haiti... Cuba, sim, Cuba também!

• •

Concluí o oitavo ano do ensino fundamental em Mason, no Michigan. Minha escola secundária foi o gueto preto de Roxbury. Minha universidade foram as ruas do Harlem e meu diploma de ensino superior foi a prisão.

• •

Se dispusesse de tempo, não ficaria envergonhado de me matricular em uma escola para retomar os estudos onde parei. Adoro línguas. Gostaria de me tornar um linguista formado. Além das línguas maternas africanas, estudaria o chinês, que será a língua política mais poderosa do futuro. Eu gostaria simplesmente de estudar.

• •

A união é a religião certa.

• •

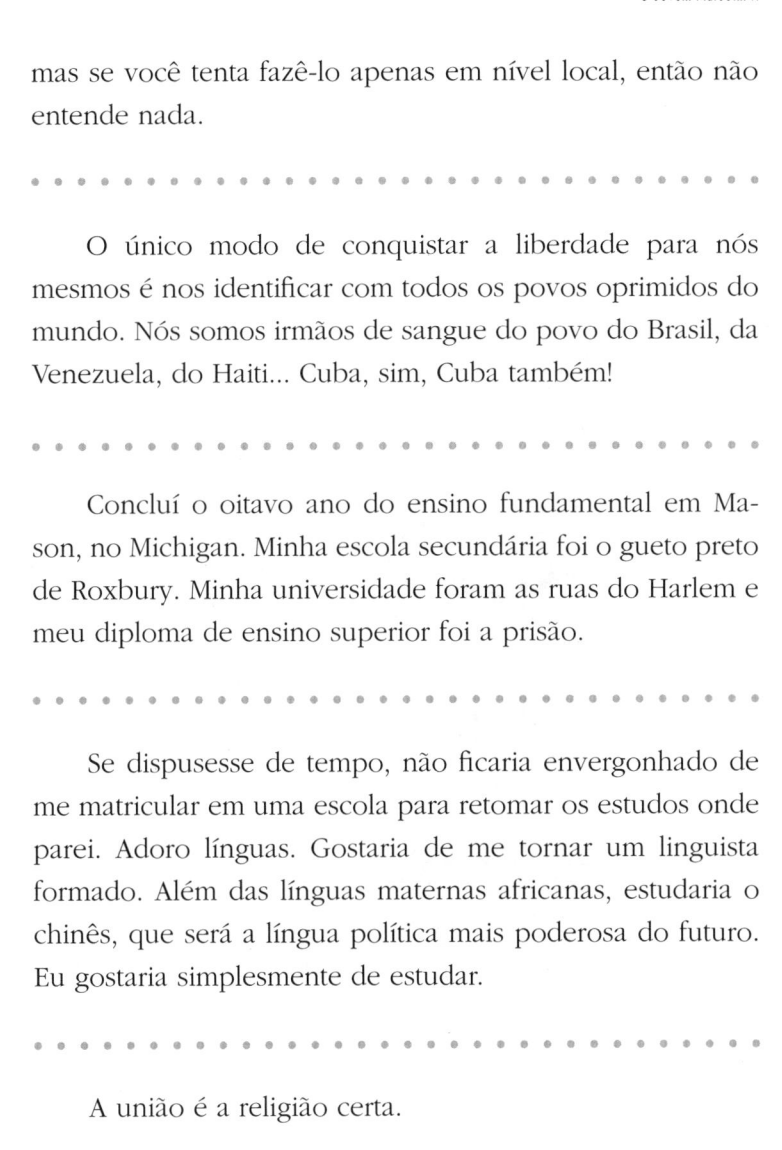

Convidado a falar na Faculdade de Direito de Harvard, por acaso olhei pela janela. De repente, descobri que estava olhando para o prédio de apartamentos que tinha sido o esconderijo de minha quadrilha. Fiquei transtornado, como se tivesse sido atingido por um tsunami.

○ ○

Sou contra o pensamento em camisa-de-força. Sou contra sociedades em camisa de força.

○ ○

Minha vida sempre foi marcada pelas mudanças

Foto: USA. Library of Congress.

É impossível para uma galinha pôr um ovo de pata, apesar de ambas serem da família das aves. O sistema neste país não pode produzir liberdade para um afro-americano. E se algum dia uma galinha produzir um ovo de pata, tenho certeza de que os senhores dirão que se trata, sem a menor dúvida, de uma galinha revolucionária.

A bomba atômica [em Hiroshima e Nagasaki] deixou-lhes cicatrizes, senhores [à delegação japonesa no Harlem]. Nós também temos nossas cicatrizes. A bomba que nos atingiu foi o racismo.

• •

A luta do Vietnã é a luta de todo o Terceiro Mundo: a luta contra o colonialismo, o neocolonialismo e o imperialismo.

• •

Todos sabem que grandes fatos históricos são muitas vezes desencadeados por incidentes aparentemente sem importância. Uma vez, um advogado indiano insignificante foi expulso de um trem. Indignado com a injustiça, ele acabou dando um nó na cauda do leão britânico. Seu nome era Mahatma Gandhi. [Sobre Rosa Parks se recusar a ceder seu lugar no ônibus para um homem branco, o que desencadeou os protestos históricos de Montgomery].

• •

Não é o homem branco norte-americano que é um racista; é o ambiente político, econômico e social americano que acalenta uma psicologia racista no homem branco.

• •

Um dia, por toda a América, uma mão preta vai tocar no ombro do branco. Quando ele se virar, vai ouvir de um negro: "Eu também".

Bibliografia

Goldman, Peter Louis. *The death and life of Malcolm X*. 2.ed. Champaign, Illinois, USA: The University of Illinois Press, 1979.

Jarvis, Malcolm Louis. *The Other Malcolm – "Shorty" Jarvis: his memoir*. By Malcolm Louis Jarvis with Paul d. Nichols. Jefferson, North Carolina: McFarland & Company Inc. Publishers. 2008.

Malcolm X. *Autobiografia de Malcolm X*. Colab. Alex Haley. Trad. A. B. Pinheiro de Lemos. 2 ed. Rio de Janeiro: Record1992.

Malcolm X. *Collected speeches, debates and interviews (1960-1965)*. Acesso em 6 agosto de 2014. Disponível em: http://www.africanafrican.com/Malcolm%20X%20Collected%20Speeches%20Debates%20and%20Interviews.pdf

Malcolm X. *The Autobiography of Malcolm X. As told to Alex Haley*. New York. Grove Press, 1978.

Marable, Manning. *Malcolm X – Uma vida de reinvenções*. Trad. Berilo Vargas. São Paulo: Companhia das Letras, 2013.

Mealy, Rosemar. *Fidel & Malcolm X - Lembranças de um Encontro*. Trad. Marta Cardoso Moreira Lima. Niterói-RJ: Casa Jorge Editorial, 1995.

Rodrigues, Vladimir Miguel. *O X de Malcolm e a questão racial norte-americana*. São Paulo : Editora Unesp, 2013.

Sites pesquisados

Biography: http://www.biography.com/people/malcolm-x--9396195#synopsis

Biography: http://www.biography.com/people/marcus-garvey-9307319

Boston National Geographic: http://news.nationalgeographic.com/news/2013/04/130429-boston-massachusetts-dalmatian-fireman-kettle-filenes-pictures-photographs/

CBC: Malcolm X on Front Page Challenge, 1965: CBC Archives: https://www.youtube.com/watch?v=C7IJ7npTYrU

Charlestown Historical Society - Massachusetts State Prison: http://charlestownhistoricalsociety.org/upcoming-events/past-events/

Cuba Debate: http://www.cubadebate.cu/especiales/2010/09/19/fidel-y-malcolm-x-encuentro-historico-hace-50-anos/#.VFpXovnF_tU

Fidel no Harlem: http://napraxis.blogspot.com.br/2010/09/fidel-castro-e-malcolm-x-50-anos-de-um.html

Grande livros: Autobiografia de Malcolm X: https://www.youtube.com/watch?v=hnKzRMqmPEo

History: http://www.history.com/topics/black-history/malcolm-x

Knik: http://shao2134-knowledgeisking.blogspot.com.br/2010/10/malcolm-x-on-zionism-egyptian-gazette.html

Malcolm X – The Official Malcolm X: http://www.malcolmx.com/

Malcolm X Foundation: http://malcolmxfoundation.org

Malcolm X Network: The Ku Klux Klan killed my father: https://www.youtube.com/watch?v=izy6BiCV3Nw

Malcolm X: Speeches and Interviews (1960-65): https://www.youtube.com/watch?v=t9AmuYqjRyg

Malcolm-X.Org: http://www.malcolm-x.org/quotes.htm

Movies Pictures: http://moviespictures.org/biography/Jarvis,_Malcolm__Shorty_

MR Documentalia: Malcolm X Biografía Documental Completo: https://www.youtube.com/watch?v=oicXGposTxY

Nathion of Islam (NOI). http://www.noi.org/

Norfolk Prision: http://usgwarchives.net/ma/norfolk/postcards/ppcs-nor.html

PBS Documentary on the Life & death of the Hon. Malcolm X. (1994): https://www.youtube.com/watch?v=uzPL2dOxryU

Raymond Fisher: Martin Luther King and Malcolm X Debate: https://www.youtube.com/watch?v=h4PqLKWuwyU

The Murder of Malcolm X: http://www.finalcall.com/artman/publish/videos/article_6976.shtml

The Nation: http://www.thenation.com/slideshow/158563/slide-show-nation-celebrates-black-history-month#